Couvertures supérieure et inférieure
en couleur

LE

NOUVEAU MYSTICISME

PAR

F. PAULHAN

PARIS

ANCIENNE LIBRAIRIE GERMER BAILLIÈRE ET Cie

FÉLIX ALCAN, ÉDITEUR

108, BOULEVARD SAINT-GERMAIN, 108

1891

LE
NOUVEAU MYSTICISME

A LA MÊME LIBRAIRIE

DU MÊME AUTEUR

La Physiologie de l'Esprit, 1 vol. in-32 de la Bibliothèque utile, broché, 0,60, cartonné...................... 1 fr.

Les Phénomènes affectifs et les Lois de leur apparition, essai de psychologie générale, 1 vol. in-18 de la Bibliothèque de Philosophie contemporaine........... 2 fr. 50

L'Activité mentale et les Éléments de l'Esprit, 1 vol. in-8 de la Bibliothèque de Philosophie contemporaine. 10 fr.

LE
NOUVEAU MYSTICISME

PAR

FR. PAULHAN

———

PARIS
ANCIENNE LIBRAIRIE GERMER BAILLIÈRE ET Cie
FÉLIX ALCAN, ÉDITEUR
108, BOULEVARD SAINT-GERMAIN, 108
—
1891

LE NOUVEAU MYSTICISME

INTRODUCTION

Nous assistons actuellement, si je ne me trompe, à la formation d'un esprit nouveau, j'entends d'une nouvelle manière générale de considérer l'homme et le monde, d'un ensemble logique d'idées, de croyances et de sentiments, et cet esprit, qui est loin d'avoir encore sa forme définitive, paraît devoir différer notablement de celui qui l'a précédé, et même, comme on pouvait s'y attendre, lui être, à certains égards, exactement opposé. En ce moment les éléments qui doivent le composer sont en présence, de grands courants d'opinions, d'émotions, de croyances naissent et se répandent, s'associent parfois et parfois s'ignorent ou se combattent. D'une part, un mysticisme qui, loin de repousser l'appui de la science, la recherche volontiers, envahit quelques esprits, attachés à ces phénomènes obscurs et troublants qui marquent la limite actuelle de nos connaissances ou pénétrant déjà dans le domaine des sciences occultes que la science positive, en élargissant le sien sans cesse, semble devoir envahir et éclairer; un mysticisme d'une autre nature est né de la contemplation de la souffrance humaine : au pessimisme railleur, révolté ou simplement froid et scientifique, succède un pessimisme attendri et actif ; les imperfections de l'état social, ses vices essentiels ont déterminé la formation de nouvelles écoles économiques dont l'importance s'accroit, et où les idées générales et les sentiments généraux tiennent une grande place. D'autre part nous sommes de plus en plus convaincus que toute effusion sentimentale qui ne s'accompagne pas de connaissances précises court grand risque de rester sans efficacité ; la science, l'esprit scientifique, la précision dans les faits, la minutie dans l'analyse, la rigueur dans la synthèse sont pour nous les seuls moyens d'arriver à des résultats sérieux, soit en théorie, soit en pratique. Par-dessus tout cela, une tendance plus générale encore se manifeste qu'il serait assez juste d'appeler un besoin religieux si le mot ne risquait d'être mal compris, ou un besoin moral, et qui est un désir pressant, aigu, de se rattacher à quelque chose de supérieur, de trouver un principe de conduite, une base de croyance qui donne à la fois l'unité à nos connaissances et à nos actes, une doctrine coordonnée qui nous permette de comprendre le monde et l'homme, et non seulement de les comprendre, mais d'agir sur eux et d'agir sur eux dans un sens déterminé. Il ne s'agit pas ici d'une tendance purement philosophique, mais d'une tendance philosophique et pratique à la fois, et qui a pour objet, au moins chez un grand nombre de ceux qu'elle dirige, non seulement l'homme considéré comme individu, mais surtout la société humaine et même l'univers entier. La recherche de cet idéal n'est pas uniquement une satisfaction de l'esprit, elle est dirigée par des sentiments généraux, vagues et puissants nés de ce besoin d'harmonie qui est, après tout, le fond de l'esprit humain. Il est probable aussi que, dans beaucoup d'esprits, les anciens sentiments religieux, froissés, comprimés, en partie dissous par l'esprit scientifique et la philosophie contemporaine, apparaissent de nouveau sous une forme différente.

Ainsi l'esprit scientifique, l'esprit religieux, la pitié pour la souffrance, le sentiment de la justice, le mysticisme social, l'attrait de faits

mystérieux, dangereux peut-être, que nous
commençons à entrevoir, l'espèce de puissance nouvelle que leur connaissance peut
nous donner, un besoin général d'harmonie
universelle : telles sont les principales parties
de l'esprit qui se forme. Ces éléments sont
loin d'être tous nouveaux, mais jamais peut-
être ils n'avaient acquis autant de force, et
ne s'étaient trouvés aussi directement en
contact, dans un tourbillon social aussi apte
à les rapprocher, à les heurter, à les combiner, jamais leur combinaison n'avait donné le
produit qu'elle peut donner aujourd'hui. Cette
sorte d'opération chimique intellectuelle et
sociale qui s'accomplit sous nos yeux s'impose à notre étude, nous allons tâcher de
déterminer les circonstances qui ont amené la
situation actuelle et pour bien comprendre
cette situation, de montrer celle qui l'a pré-
cédée et à quelques égards, produite ; nous
verrons ensuite les principaux éléments de
l'esprit nouveau et leurs différentes manifestations. Nous essayerons enfin de déterminer
sa valeur logique et son avenir possible.

CHAPITRE PREMIER

L'Anarchie intellectuelle et Morale.

§ 1

Depuis le milieu du dernier siècle sous l'influence de l'esprit scientifique naissant et de l'esprit rationaliste persistant, [1] la force des croyances religieuses a sensiblement diminué.

Les réactions partielles contre l'abandon du christianisme, et l'esprit d'irréligion, les poussées nouvelles d'un esprit religieux plus ou moins modifié ou rajeuni, n'ont pu arrêter le mouvement. Le mauvais accueil fait aux prêtres assermentés, le succès du *Génie du Christianisme*, les œuvres de Bonald et de Joseph de Maistre, l'influence de la Congrégation sous Louis XVIII et Charles X, la tentative hardie du catholicisme libéral et

---

1 Voyez Taine, *l'Ancien régime.*

l'influence de Lamennais et de Lacordaire,
tous ces faits, dont le moindre demanderait
une longue étude pour être justement apprécié
et que je puis seulement indiquer, n'ont pas
eu les conséquences qu'on pouvait espérer ou craindre. La religion chrétienne
s'est montrée impuissante à satisfaire à la fois
l'intelligence et les sentiments de l'homme,
à garder la direction de notre conduite, à
donner à la société une orientation fixe sus-
ceptible d'indiquer le sens et de faire reconnaitre la portée des idées, des œuvres et des
actes. L'humanité cependant ne saurait se
passer de cette direction et, ce que la religion
ne pouvait plus donner, il fallait le chercher
ailleurs.

Une conception ancienne, séduisante comme
tout ce qui flatte notre désir du bonheur et
cet instinct de l'ordre que nous apportons
dans nos désordres mêmes, se présentait avec
d'autant plus de force que l'étude de la nature
était à la mode et que cette conception, autrefois puissante, avait subsisté, même vaincue,
et depuis la renaissance du XVIᵉ siècle s'était
perpétuée dans une suite de penseurs libres
et d'écrivains de génie. Si les tendances mystiques d'aujourd'hui paraissent être, au moins

en partie, une réaction contre le naturalisme et le pessimisme qui ont été quelque
temps en faveur, le pessimisme réagissait
de son côté contre une doctrine qui était
elle-même une réaction. La théorie de la
« bonne nature », de la mère inconsciente
qui veille sur notre vie et notre bonheur, que
nous méconnaissons parfois en la contrariant,
avait, après une longue lutte, remplacé, dans
bien des esprits, la conception chrétienne du
monde mauvais, du monde occasion de
péché, de même que celle-ci lui avait autrefois
succédé. La loi de nature, le retour à la nature, toutes ces expressions scientifiquement
vagues ou inexactes, mais d'un intérêt historique certain, montrent assez bien comment
on concevait le monde. Il y a quelque cent
ans, la mode était de croire que si l'on déli-
vrait l'homme des entraves dont la société et
la religion l'avaient chargé, le règne de la
nature, c'est-à-dire de la vertu, de la
bonté, de la justice et du bonheur, allait commencer sans difficulté, l'homme étant un être
foncièrement bon, dépravé peut-être superfi-
ciellement par des superstitions religieuses
et de mauvaises institutions, dont il fallait le
débarrasser.

Le rêve ne fut pas bien long. Les enseignements de la pratique auraient pu suffire à le
faire évanouir, les progrès des sciences
naturelles, les progrès aussi de la psychologie, la réaction religieuse pour sa part
vinrent y contribuer, et l'on put remettre en
question la bonne opinion qu'on était porté
à avoir de la façon dont le monde était organisé. Bientôt l'univers à côté de l'harmonie
qu'on avait trouvée en lui et quelquefois au
lieu de l'harmonie qu'on lui supposait sans
raison bien valable, parut offrir un désordre
lamentable, d'autant plus affligeant, qu'il
était la condition de l'harmonie superficielle
qui frappait tous les yeux, et la base même
du progrès. C'est du moins ce que l'on put
conclure des théories de Darwin sur la lutte
pour l'existence et la sélection naturelle et
de l'énorme masse de faits qu'il avait amon-
celés à l'appui de sa doctrine.

Ce n'est pas que Darwin autorisât de son
exemple les idées tristes que ses écrits pouvaient inspirer. Il n'y a pas de plus bel exemple de l'influence de notre forme mentale
individuelle sur la formation de nos idées et
de nos sentiments généraux que son attitude
devant la loi à laquelle il accordait une si

grande place dans le monde. On voit ici comment la formation d'un état d'esprit général et permanent est chose sociale plus qu'individuelle et comment même un grand homme vient apporter sa pierre à l'édifice sans savoir comment cette pierre sera employée. Ce massacre ou cette disparition lente de millions d'organismes, qui s'effectuent continuellement et permettent la survivance de quelques favorisés, cette souffrance permanente de la matière vivante qui n'aboutit qu'à un bonheur douteux pour quelques-uns, bonheur sans cesse menacé et troublé sans relâche, et à un perfectionnement instable acheté bien cher pour ce qu'il vaut, tout cela touche peu le grand savant anglais. Non par sécheresse de cœur : personne n'était plus doux, plus humain, moins disposé à faire souffrir que l'homme qui se reprocha pendant de longues années d'avoir tué un oiseau d'un coup de pierre ; simplement par façon personnelle de voir les choses, peut-être un peu par amour-propre d'auteur, amour paternel pour la loi qu'il avait, en somme, et quelque prédécesseur qu'on lui trouve, inventée. Il eût volontiers félicité Dieu d'avoir si ingénieusement arrangé les choses que

la souffrance et la mort même fussent une
cause de progrès, et certes si la disproportion
et la désharmonie des causes et des résultats
pouvaient rehausser le mérite de celui qui
avait su les observer et en établir l'enchaînement, elles paraissaient difficilement devoir
mettre en lumière la sagesse et la bonté d'un
auteur tout-puissant. Mais ses opinions scientifiques et philosophiques n'empêchaient nullement Darwin de pencher vers l'optimisme
et la croyance en Dieu.

Il n'en fut pas de même pour ses disciples.
Si la grande intelligence de Darwin, sollicitée
par d'autres considérations, n'a pas été frap-
pée de certaines conséquences de la théorie
qu'il défendait, ces conséquences ont été
pleinement aperçues et même exagérées ou
dénaturées par ses adversaires et aussi par
ses disciples. La théorie de la concurrence
vitale a été successivement appliquée à divers
domaines scientifiques ou philosophiques, on
l'a généralisée, elle est devenue une loi
sociale, une loi du monde comme elle était
déjà la loi de l'existence des végétaux et des
animaux. De plus on l'a, comme à plaisir,
considérée dans ses applications les plus
brutales; on s'est plu, sans rechercher si le

droit n'est pas une force, à lui faire exprimer
le triomphe de la force sur le droit. Mais si
des conséquences en ont été tirées que rien
ne justifie ni au point de vue moral, ni même
au point de vue logique, on ne s'est pas tout
à fait trompé en lui donnant un caractère
triste et brutal, et peu de penseurs ont pu
voir dans la lutte pour la vie et la sélection
qui en résulte une confirmation de la sagesse et de la bonté du créateur. Les conceptions darwiniennes, ou mieux dérivées de la
doctrine de Darwin, ont eu cet honneur,
dangereux pour une théorie philosophique,
de figurer dans les notions intellectuelles
courantes, dans les lieux communs de la
conversation, du journalisme et de la littérature ; on a pu les voir récemment faire, non
sans bruit, leur entrée au théâtre. Jusqu'à
quel point les doctrines de Darwin se sont
défigurées à mesure qu'elles se sont répandues, c'est une question qui nous intéresserait si nous nous occupions ici de la vraie
nature et du degré de vérité de ces doctrines
ainsi que de leur adaptation possible aux
exigences de la société et de la morale, mais,
sans rechercher si un assassin comme Lebiez
a tiré les conséquences légitimes de la théorie

qu'il exposait après le meurtre, dans une conférence, il nous suffit pour le moment de retenir cet état d'esprit assez général, cette tendance diversement comprise et diversement sentie, mais relativement assez commune, à concevoir le monde comme un champ clos où il faut vaincre son adversaire pour n'être pas tué par lui.

§ 2

Qu'il y eût dans la doctrine de Darwin ainsi interprétée et quelle qu'en soit d'ailleurs la valeur propre, une cause de dissolution des croyances morales, c'est ce qu'on ne peut nier tout en reconnaissant que le danger provenait moins de la doctrine elle-même que des esprits qui la recevaient. En France d'autres influences puissantes s'étaient exercées dans le même sens et continuaient à agir. Même phénomène du reste à remarquer ici. Ce qui dans les doctrines tendait à détruire, à séparer, à émietter les forces intellectuelles et morales, était reçu avec faveur, développé outre mesure, ce qui tendait à rapprocher, à unir, à substituer à la doctrine critiquée une doctrine nouvelle, passait inaperçu, était mal compris et dénaturé. Rien ne caractérise un état d'esprit social comme la façon dont les doctrines sont acceptées ou rejetées, défigurées par leurs partisans ou leurs adversaires, et popularisées en définitive sous des formes vulgaires et inexactes, par l'influence de l'orientation commune des esprits.

L'affaiblissement de la religion indiquait une place à prendre, les philosophes essayèrent de s'en emparer. L'éclectisme, le spiritualisme de Victor Cousin fut une tentative pour remplacer le catholicisme dans une certaine mesure, et, tout en lui témoignant les plus grands égards, lui enlever la direction des intelligences et, en particulier, des intelligences les plus cultivées. La philosophie devenait en quelque sorte la religion des esprits d'élite, la religion restant la philosophie de ceux qui n'ont pas le temps ou les moyens d'en avoir une meilleure. En même temps l'éclectisme conservait des croyances religieuses tout ce qu'elles ont de consolant et de rassurant au point de vue social, le Dieu bon et juste, la vie future, la morale et le devoir, et réagissait vigoureusement contre l'impiété du XVIIIe siècle.

Malgré tout, la position de l'éclectisme était
très faible. S'adressant à la raison plutôt qu'à
la foi, il ne pouvait disposer des ressources
immenses qui rendent la religion si forte, de
ses appels au sentiment et à l'instinct, de ce
trouble mystique auquel les plus forts peuvent
se laisser aller dans les moments d'angoisse
ou de découragement, de cette habitude des
pratiques dévotes qui enlace l'homme dès le
berceau et lui laisse alors même qu'il s'est
débarrassé des croyances de son enfance, un
penchant à regarder comme naturels et presque comme bons des usages qui furent ceux de
sa famille et les siens propres, ceux de presque
toutes les personnes qu'il a connues et de
celles aussi qui, depuis bien longtemps, les
avaient précédés dans la vie. Et s'adressant
à la raison plutôt qu'à l'expérience, il se trouvait presque désarmé d'un autre côté contre
l'esprit scientifique qui grandissait toujours,
et qui faisait appel à l'observation exacte et
minutieuse. Il ignora trop les sciences, il les
tint trop à l'écart, confiant dans la solidité de
sa forteresse logique où la science l'eût sans
doute laissé en le négligeant, mais où il fut
attaqué par des philosophes imprégnés de
l'esprit scientifique. Pris entre deux camps

opposés l'eclectisme résista longtemps grâce
à la forte organisation de l'université. On
peut bien le considérer comme vaincu depuis
longtemps, malgré le talent de quelques-uns
de ses défenseurs, et, j'en vois une preuve
dans ce fait qu'il ne trouve plus guère
d'adversaires et qu'on peut dès maintenant
sans soulever d'opposition, adresser à Victor
Cousin les éloges qu'il a mérités. Il est impossible en tout cas de lui reconnaitre le
mérite d'avoir influé, quoi qu'il puisse d'ailleurs rester de son œuvre, non peut-être sur
la direction générale des esprits, pendant un
certain temps, mais sur la formation d'une
doctrine profonde, durable et largement
répandue.

L'esprit scientifique, au contraire, c'est-à-
dire au point de vue de la philosophie, l'esprit de négation ou tout au moins d'examen
ou de doute, continuait à se développer. Les
anciennes idées religieuses, la doctrine de la
bonne nature, le spiritualisme éclectique
étaient vigoureusement battues en brêche.
L'influence de trois hommes fut surtout puissante et leurs doctrines, comme celle de Darwin, se popularisèrent en se modifiant. Ces
trois hommes furent M. Taine, M. Renan, et

le vulgarisateur d'une partie du positivisme
de Comte, Emile Littré. M. Taine réunit en
lui l'esprit de précision et l'esprit de généralisation ; par une sorte de combinaison de
Condillac et de Hegel, il produisit un système
neuf, quoi qu'on en ait dit, hardi et profond.
La voie où il entrait était la bonne, et par ses
théories sur l'analyse et la synthèse, sur l'intelligence, sur la genèse et la valeur relative
des œuvres littéraires, des œuvres d'art, la
psychologie des peuples, il tâchait bien de
remplacer ce qu'il détruisait, son influence à
cet égard se fait sentir à présent et la génération actuelle lui doit une bonne part de ses
plus grandes qualités. Mais ce qui frappa,
lorsque ses œuvres parurent, ce fut moins le
nouveau système présenté que la discussion
des anciennes croyances et surtout que les
fortes affirmations portées contre elles. Ce
qui frappa ce furent des phrases séparées et
mal comprises ou défigurées : l'homme fait
son œuvre, comme l'abeille son miel, — l'œuvre d'art est un résultat de la race, du milieu
et du moment, — le vice et la vertu sont des
produits comme le vitriol et le sucre. Il y eut
scandale, on ne chercha pas les choses essen-
tielles qui subsistaient sous d'autres noms,

on ne les vit même pas, le public était habitué à certaines formes des théories sur Dieu, sur le monde, sur le bien et le beau, il ne reconnaissait plus, sous d'autres apparences ce qu'il y avait de bon et d'essentiel en elles. La doctrine de M. Taine apparut comme se résumant dans la confusion et l'indifférence du beau et du laid, du bien et du mal, de l'homme et de la brute, et Michelet se plaignait « qu'on lui prenait son moi ». On ne parut guère s'apercevoir que M. Taine apportait toute une nouvelle esthétique, qu'il donnait lui aussi des règles pour apprécier le beau et le laid, que ces règles étaient très précises et sinon parfaites, peut-être cependant les meilleures qu'on eût encore trouvées, que par sa théorie de l'idéal dans l'art il allait directement contre le courant d'idées lancé par sa philosophie de l'art, non qu'il fût en contradiction avec lui-même, mais parce qu'on n'avait pas vu dans son œuvre ce qu'il fallait y voir surtout. On méconnut la dignité et l'élévation de cette sorte de stoïcisme désintéressé qui a inspiré de nombreuses pages jusque dans les *Notes sur Paris de Frédéric-Thomas Graindorge*. On ne vit pas que la philosophie de M. Taine s'opposait au matérialisme comme au spiri-

tualisme et que de sa conception du monde et
de l'homme il était possible de faire sortir
toute une théorie de la bonne vie, c'est-à-
dire une morale. Si du moins il y en eût qui
saisirent le côté positif de l'œuvre philosophique de M. Taine, ils furent relativement
peu nombreux et moins nombreux encore
furent ceux qui s'y intéressèrent.

En même temps qu'il développait pour
ainsi dire malgré lui l'esprit d'anarchie qui
commençait à devenir fort, M. Taine le favo-
risait aussi directement par certaines de ses
doctrines qui furent bien interprétées, mais
dont les effets dans un autre milieu moral
eussent été différents. Enfin, j'ajouterai
que par moments il s'est laissé aller lui-
même à céder à l'influence des doctrines
naissantes, et que quelquefois l'instinct de
la démolition l'a emporté en lui sur le souci
d'édifier et le besoin de former une nouvelle synthèse. Certes, il eut grandement
raison de réagir contre la place accordée
au sentiment dans la formation des croyances, contre les considérations pratiques qui
venaient borner la voie à la libre recherche scientifique. Seulement ces vérités ont
pu avoir pour effet de faire considérer les

préoccupations morales comme inférieures aux préoccupations scientifiques ou spéculatives, elles ont augmenté cette dispersion des forces mentales qui signalait le déclin des croyances supérieures, de ces croyances qui dirigeaient dans un même sens tous les éléments de l'esprit. Mais lorsqu'il disait, par exemple, que la folie était à peu près l'état normal de l'homme, et considérait la raison comme une réussite heureuse, lorsqu'il dépeignait l'état de l'homme en présence d'une nature indifférente et meurtrière, qui ne voit combien il travaillait, pour son compte, à détruire — et ceci n'est pas une critique, car ce qu'il disait était en un sens très juste, mais c'est une constatation, — une grande partie des sentiments qui peuvent donner à l'homme la conscience de son rôle dans le monde, en tant que partie d'un grand ensemble sinon réel, au moins possible, ayant, comme telle, des devoirs envers le système supérieur dont elle est un élément, en même temps qu'il paraissait introduire dans l'homme, comme dans le monde, le désordre et l'anarchie comme une sorte de principe supérieur. Ici malgré les faits nombreux par lesquels son opinion pourrait être défen-

due, il a dépassé le vrai et a été entraîné
à son tour par cette tendance à l'anarchie,
qu'il a souvent fortifiée malgré lui, et contre
laquelle d'ailleurs, l'influence de ses œuvres
autrement et mieux comprises a pu aider
puissamment à réagir.

Si nous devons à M. Taine une bonne part
de notre goût pour les connaissances précises et à la fois pour les connaissances générales, nous devons en partie à M. Renan notre
disposition à pénétrer les systèmes les plus
divers, à comprendre, à partager, à approuver presque les sentiments les plus
opposés. Ici encore, comme pour Darwin,
comme pour M. Taine, se montre la nature
sociale des théories. La partie positive de
l'œuvre de M. Renan est la moins connue ; ce
ne sont pas ses recherches sur les langues
sémitiques, ni sa détermination de l'âge des
prophéties bibliques qui ont rendu son nom
populaire et fait de lui un des éducateurs de
l'esprit français ; c'est pour d'autres raisons
qu'il a été l'expression la plus concentrée de
tout un côté de l'esprit de notre temps, et
qu'il a aussi contribué à façonner cet esprit à
l'image du sien, c'est par la souplesse de son
intelligence, par une grande propension à

voir les beaux côtés du mal et les mauvais
côtés du bien, par sa curiosité universelle,
curiosité sympathique s'éprenant pour un
moment de la chose qu'elle étudie et évitant
souvent de la juger, par sa facilité à changer
de point de vue dans l'appréciation d'un fait
ou d'une doctrine, facilité qui ressemble fort
à un scepticisme transcendant, c'est aussi par
sa négation formelle du surnaturel, c'est
encore par sa tendance à conserver les
anciens mots, ces « bons vieux mots » de Dieu,
d'âme, de morale, en les vidant pour ainsi
dire de leur sens traditionnel. Il agissait
par là bien mieux sur des esprits fins, des
âmes délicates auxquelles la violence aurait
répugné et qui, d'un autre côté, considéraient
peut-être comme supérieur en somme et
comme portant la marque d'un esprit plus
détaché du fond des croyances chrétiennes,
cette manière douce de s'en affranchir, alors
qu'elles subissaient encore, sans s'en rendre
compte, le prestige de la foi évanouie, celui
qu'elle avait laissé aux mots formés par elle,
en qui elle continuait à vivre et qu'elle préser-
vait encore. Si d'ailleurs on examine les uns
après les autres tous les côtés du talent de
M. Renan par lesquels il a acquis tant d'in-

fluence sur le public, il n'en est presque pas
un qui ne tendit à augmenter l'anarchie dans
les croyances et dans la morale. C'est un effet
malheureux de la situation d'il y a quelques
années, — et nous n'en sommes pas encore
sortis, — que les plus belles qualités d'une
intelligence supérieure, très souple, très fine
et très large, aient été surtout employées à la
dissolution des idées générales et des sentiments généraux, des croyances sur l'ensemble
des choses et sur notre place dans le monde
sans lesquelles la vie humaine n'a aucune
signification. Ne nous en plaignons pas trop
toutefois, il se peut que cette dissolution ait été
nécessaire pour des formations nouvelles, et
nul ne peut dire non seulement qu'elle aurait
pu être évitée, mais encore qu'elle a été poussée assez loin.

Avec M. Littré, même phénomène, mais
encore plus marqué, d'interprétation sociale.
Littré était un disciple d'Auguste Comte,
dont il sera question plus loin, il avait laissé
de côté une grande partie, non la moins profonde, ni la moins importante de son œuvre,
il s'en était tenu à vulgariser la partie scientifique du positivisme. Ici encore, et malgré
le nom de la doctrine, la partie positive fût

peu accueillie : la classification des sciences
et les autres parties du système ne paraissent
pas avoir eu beaucoup d'influence sur le public
mais on vit dans Littré le représentant de
l'opposition au christianisme, au déisme, à
la philosophie officielle. Cet homme de talent
dont les services spéciaux en philologie ont
été très grands, mais qui n'avait ni originalité
ni profondeur comme philosophe, fut méconnu au point de passer à peu près à l'état de
symbole. Il représentait l'ensemble de courants divers désignés sous le nom de libre
pensée et l'on confondait si bien ces divers
courants que Littré, le critique et l'adversaire des théories de Darwin, était fréquem-
ment cité comme le défenseur, et même l'in-
venteur, je crois, de la théorie des origines
simiennes de l'homme. Ce que l'on connais-
sait surtout de ses œuvres, c'est ce qu'il
n'y avait jamais mis.

§ 3

Dissolution des croyances, des légendes,
des sentiments qui servaient de règle, c'était
un des côtés du nouvel esprit, amour du détail

précis, de la réalité exacte, mais impuissance et même dégoût de construire avec les matériaux amassés quelque nouvel édifice propre à remplacer l'ancien, c'était le second. Ces deux traits que nous avons vus se manifester si fortement moins dans les œuvres des directeurs de la pensée moderne que dans l'interprétation de ces œuvres par la foule des disciples et dans la manière dont la direction était acceptée, nous les retrouvons partout, dans la littérature, dans la critique, au théâtre, dans les arts. Dans le roman nous avons la tentative du réalisme, l'accumulation des petits détails, le parti-pris de renoncer à toute thèse générale pour rendre seulement la vie telle qu'elle est. Cette volonté d'être vrai se manifeste avec une puissance rare jusque chez des écrivains qui semblaient plutôt destinés à exprimer une conception générale de la vie et du monde et qui l'ont fait, en somme bon gré mal gré, comme Flaubert, ou comme M. Zola. Et si l'on veut chercher encore ici la part de l'interprétation collective, on la trouvera, par exemple, dans l'impression que produisit lors de sa publication *Madame Bovary* de Flaubert, surtout si on la compare à l'impression qu'elle produit aujourd'hui. La bru-

talité de quelques parties de l'œuvre, la
recherche des détails exacts au mépris du
goût littéraire comme on le comprenait alors,
la froideur, l'impassibilité presque absolue
de l'écrivain, son désintéressement devant
les questions morales et religieuses, voilà ce
qui plut aux uns et choqua les autres, mais
ce qui fit remarquer l'œuvre nouvelle sans
que tout le monde s'en rendît compte avec
précision. Et tout cela s'y trouvait en effet.
Au théâtre même tendance vers le réalisme
d'un côté et la brutalité, même tendance de
l'autre vers le scepticisme railleur. Le succès de *La Belle Hélène* et des opérettes du
même genre où les paroles et aussi, à un
degré moindre, la musique, sont une paro-
die presque continuelle, témoignent encore
le plaisir du public à se défaire des admira-
tions imposées, à réagir contre les idées et
les sentiments qu'on lui avait appris. Si un
auteur dramatique, comme M. Alexandre
Dumas fils, fait encore avec succès des pièces
à thèses, ce sont précisément ces thèses
qu'on lui reproche, et si on les lui pardonne
c'est en faveur de sa hardiesse littéraire et
aussi de sa hardiesse morale, de son mépris
de certaines conventions théâtrales, et de

certaines conventions sociales qui donne à
sa morale quelque chose du piquant de l'immoralité. Ce qu'on ne lui pardonne pas,
ce qu'on peut tout au plus ne pas voir c'est
l'esprit mystique qui se développe un peu plus
tard chez lui, qu'il ne cache pas d'ailleurs, et
par lequel il se met en dehors de son temps, et
se trouve en avance sur lui. En poésie nous
arrivons à la théorie de la supériorité de la
forme sur le fond, à l'indifférence profonde
pour tout ce qui n'est pas image, rime ou ca-
dence. Th. Gautier, les Parnassiens ont été
ou ont paru être de purs artistes, des cise-
leurs de phrases. Leconte de Lisle, dans
d'admirables vers, s'est fait l'écho, volontairement impartial, de la pensée antique et des
rêves barbares, avec une haine cachée mais
visible pour le christianisme et peut-être
pour la civilisation contemporaine. Plus tard
Mme Ackermann blasphéma toutes les vieilles
croyances en des poèmes philosophiques où
des passages d'une beauté toute classique et
d'une extrême intensité d'expression rachè-
tent de trop nombreuses négligences. En
critique, même esprit général: Sainte-Beuve
est le représentant par excellence de l'esprit
que j'étudie. Il lui reste pourtant des tendan-

ces classiques, il est encore jusqu'à un certain point l'homme du bon goût, mais comme
il représente le courant d'esprit scientifique et l'aversion pour les grandes synthèses
par sa recherche minutieuse des détails, par
son éloignement pour les grandes théories,
par son scepticisme à l'égard des doctrines
esthétiques, par sa prétention de faire « l'histoire naturelle des esprits » ! Dans les sciences
la spécialisation est poussée à l'extrême, la
philosophie est considérée comme une recherche vaine, la philosophie scientifique, générale
comme l'entendait Comte, trouve en somme
peu de faveur, et le positivisme n'entretient
pas « un moindre débat contre la science trop
peu générale que contre la métaphysique trop
peu positive » (1). Les philosophies particulières à chaque science sont à peine abordées.
La méthode scientifique se forme, elle commence par où elle doit commencer, l'examen
et la constatation des faits, elle n'en est pas
encore à sa partie essentielle : leur interprétation et leur compréhension. Même esprit
enfin dans l'art : le réalisme s'y introduit et
s'y développe, le goût du joli détail remplace

(1) Paroles de Littré en 1865.

trop le sens de la grandeur de l'ensemble.
Et notre siècle se signale en architecture, par
le défaut de style personnel qui résulte, du
manque d'une foi dominatrice et aussi par la
perfection nouvelle des restitutions et des
imitations qui résulte de notre aptitude à
entrer dans l'esprit des vieilles civilisations.

§ 4

Peu à peu, l'anarchie se répand et se développe. Un symptôme nous montre son importance, ce sont les variations des théories
sur l'instruction. On ne s'entend plus sur la
base de l'enseignement, parce qu'on ne peut
plus s'entendre sur le sens de la vie. On a
d'abord cherché à éliminer certains exercices
purement littéraires, puis à rendre les programmes d'enseignement plus conformes à
l'esprit scientifique; l'esprit de critique a
pénétré dans l'instruction, il est descendu
au moins de l'instruction supérieure dans
l'enseignement secondaire, et malheureusement il n'arrive guère à remplacer ce qu'il
supprime, les réformes sont non seulement
très discutées, mais elles sont encore assez

peu durables et l'orientation définitive ne se
produit pas.

En même temps qu'il se répandait, l'esprit
d'indépendance et de réaction contre les
théories dominantes se modifiait aussi. Diverses écoles se produisaient. Les unes continuaient la réaction contre les croyances
chrétiennes, d'autres au contraire s'en pre-
naient surtout aux théories qui prétendaient
les remplacer et tenaient pour inutiles et
vaines toutes les doctrines générales, spiritualisme et matérialisme, d'autres réagis-
saient surtout contre l'idée de la bonne nature si en faveur précédemment. Le darwi-
nisme d'une part, comme l'avaient compris les
partisans de Darwin et aussi les doctrines de
M. Taine et de M. Renan menaient facilement
au pessimisme. Le pessimisme venait encore
d'un autre côté. Schopenhauer, méconnu
pendant une bonne partie de sa vie, devenait
chez nous illustre après sa mort ; son disciple Hartmann pénétrait également en France;
'un et l'autre faisaient tomber bien des illusions. Leurs doctrines répondaient assez bien
à notre besoin, un peu superficiel chez beaucoup, de science, ou tout au moins d'apparences scientifiques ; de plus, les circonstances

malheureuses que notre pays avait traver-
sées nous rendaient peut-être plus capables
d'apprécier le plaisir amer de la perte des
illusions et sans doute aussi d'accueillir favo-
rablement des théories arrivant de pays
étrangers, même ou surtout de celui qui nous
avait vaincus. D'autre part, des maitres
avaient répété et non sans raison, que l'esprit scientifique doit être désintéressé, qu'il
ne recherche nullement dans une opinion la
façon dont elle répond aux besoins de notre
cœur, que le philosophe étudiant une question doit négliger les conséquences pratiques
de la théorie qu'il formule, que la vérité et la
morale n'ont rien à faire ensemble ; un esprit
sincère qui est bien pénétré de ces idées
n'est pas éloigné de subir une influence opposée à celle qu'il redoute, et le côté désespé-
rant d'une hypothèse est une raison parfois
de la traiter avec faveur.

Un fait important, c'est que les idées pessi-
mistes qui ont pu être accompagnées, qui
l'étaient même assez naturellement, quoique
avec une logique insuffisante, de croyances
chrétiennes, ont été produites dans ces derniers temps par des adversaires déclarés du
christianisme et de toute religion, tout au

moins par des indifférents, et c'est ainsi
qu'elles se sont propagées dans des milieux
irréligieux. Tandis qu'une forme de la religion, le protestantisme libéral, qui pencha
vers le panthéisme avant de tomber dans la
doctrine radicalement opposée, le criticisme,
tentait une sorte de retour vers l'optimisme
dont M. E. de Hartmann l'a bien sévèrement
blâmé, l'irréligion devenait morose et pessimiste. Or la situation du pessimiste est in-
comparablement différente selon que son
appréciation de la valeur du monde s'appuie
ou non sur des croyances religieuses. On
peut avoir les vues les plus désespérées sur
le monde que nous habitons, déclarer que la
vie n'est qu'une épreuve pénible, et prêcher
la renonciation à tous les biens, rien n'est
perdu pour qui entrevoit derrière le monde
matériel, un monde idéal meilleur et plus
vrai, pour qui voit sous tout ce qui arrive une
volonté bonne et puissante. On se distrait
même de croyances sombres ou terribles
comme la prédestination en attachant sa
pensée à la sagesse suprême et insondable.
Dans le cas contraire, l'homme qui a renoncé
au bonheur pour lui et pour les siens dans
la vie future et qui croit devoir renoncer

aussi pour lui et pour les siens au bonheur
dans le présent et pour sa race au bonheur
dans l'avenir, est évidemment dans une
situation généralement pénible et, pour un
certain nombre, intenable, pour ceux surtout
que des croyances religieuses ont autrefois
dirigés et soutenus.

D'autres enfin avaient encore poussé plus
loin, en un sens, la réaction contre les anciennes croyances en repoussant non seulement
le dogmatisme chrétien ou le dogmatisme
philosophique, mais le dogmatisme en soi.
La substitution de la méthode historique
à la méthode dogmatique est un symptôme intéressant de l'anarchie intellectuelle
en même temps qu'un indice de la difficulté de
remplacer ce qu'on perdait, il nous montre
aussi un état rare de l'esprit et certainement
un des plus marqués au point de vue du dé-
tachement et de l'abandon des traditions
intellectuelles. Dans beaucoup de cas, la pré-
dominance de la méthode historique était
devenue utile. Sans aucun doute, la méthode
de critique religieuse que le siècle dernier
avait vue en pleine prospérité, avait des côtés
étroits, mesquins, inintelligents, mais on en
est venu à oublier ce qu'elle avait de juste et

de raisonnable. La réaction, comme souvent, a été excessive. L'impartialité qui est un devoir a été déformée au point de devenir de l'indifférence ou de l'abstention. Dans les études religieuses surtout, mais dans beaucoup d'autres aussi, on a voulu écarter les conclusions sur la vérité, sur la valeur réelle d'une croyance ou d'une théorie pour ne retenir que la forme de son développement, on a ainsi voulu substituer une connaissance spéciale à une connaissance générale beaucoup plus importante en somme qui d'ailleurs peut exister à côté de l'autre, et l'on a trop généralisé une méthode souvent utile et parfois indispensable. Connaitre et non juger est devenu un mot d'ordre très répandu, comme si la connaissance n'impliquait pas le jugement, comme si l'on pouvait avoir une idée complète d'un fait sans déterminer ses causes, sa nature ses conséquenses, sa portée. Il semblait que toutes les croyances devenaient égales, chacune ayant eu son jour ou son heure, aucune n'étant supérieure intrinséquement aux autres. Avec ces principes on se laisserait aller facilement à dire, mais non par figure de rhéthorique comme on le fait quelquefois, que Copernic avait mis la terre en mouvement ou

que Képler avait lancé les planètes dans des
orbites elliptiques. Cependant leur application ne descendit pas dans la sphère des
sciences physiques et naturelles où l'on a
continué à regarder certaines opinions comme
réellement vraies et d'autres comme réellement fausses. Dans le domaine des sciences
religieuses elle marqua, en somme, une réaction légitime à la fois contre les excès des
apologistes et contre ceux des détracteurs de
la religion, et ses propres excès étaient rendus très excusables par la difficulté d'échapper à l'influence des croyances religieuses ou
irréligieuses dans la simple constatation des
faits et, à plus forte raison, dans leur appréciation même limitée. Mais il fallait reconnaître hautement que, à côté de l'étude historique
des religions, des croyances quelconques,
des habitudes, etc., il y a place pour une autre
étude qui en détermine la valeur spéculative
et morale. Etudier la genèse d'une religion,
les facultés morales d'un peuple sauvage
ou celles de tel ou tel de nos concitoyens
est une bonne chose, c'est la condition de
l'histoire des religions ou de la morale, mais
il est important de savoir aussi si telle religion
dans laquelle presque tous nos enfants sont

encore élevés, doit être réellement tenue pour
vraie, si telle ou telle faculté psychique est
nuisible ou utile dans tel ou tel état social
donné, si tel ou tel acte doit être permis ou
défendu. Le parti pris de considérer le vrai et
le faux, le bien et le mal, comme des caractères
sans importance, et purement transitoires,
ou comme des côtés des choses qui nous res-
teront toujours ignorés et qu'il est un peu
puéril ou arriéré de rechercher, ce parti pris
ne peut exercer qu'une influence dissolvante
sur les croyances, — que l'on considère cette
influence comme bonne ou comme mauvaise,
ou comme tantôt bonne et tantôt mauvaise,
ou encore, selon les principes de l'école,
comme un fait historique qu'il faut simplement constater.

Aussi les théories générales sur le monde
et sur l'homme se sont ressenties de cette
désagrégation de la pensée et des sentiments,
de cette dissolution intellectuelle et morale
dont nous avons offert un si bel exemple. Le
pessimisme même était dépassé, il était
encore une doctrine et l'on n'en voulait plus.
L'optimisme et le pessimisme, disait E.
Schérer, sont deux manières également sub-
jectives et impertinentes de considérer le

monde. Et il tombait en cela dans le travers de l'école historique, car, comme on le lui a fait remarquer, rien n'est plus pessimiste que cette façon de voir. S'il est une proposition dont on nous ait ces derniers temps rebattu les oreilles, c'est que la nature est indifférente, qu'elle n'a pour but ni le bien ni le mal, qu'elle est un ensemble de forces fatales, sans fin connue ou connaissable. Par ce qu'elle a de juste cette doctrine est une réaction légitime contre la théorie des causes finales telle que le déisme ou les diverses religions l'ont acceptée, mais elle avait des défauts graves, elle confondait la fatalité, le déterminisme et le manque de finalité, qui sont choses tout à fait distinctes ; de plus, elle ne voyait pas ce qu'il y a de vrai, dans la notion de finalité entendue au sens positif, comme convergence d'un certain nombre de phénomènes, ou bien elle méconnaissait cet enchaînement de coordinations qui avait produit le développement des êtres vivants, et dont il ne faut pas chercher la cause dans une volonté extra-humaine, mais dans les propriétés de la matière vivante. Quoi qu'il en soit d'ailleurs, cette doctrine était une sorte de nihilisme cosmique, n'admettant pas de liens de systématisation entre les différentes parties de l'univers et qui correspondait, sans en être la cause dans la plupart des cas, au nihilisme politique, à l'anarchisme et au nihilisme moral, fondés eux aussi sur la négation de rapports de finalité et de coordination entre les individus qui composent une société.

§ 5.

La désorganisation intellectuelle et la désorganisation morale ne sont pas sans relation ; il ne faut pas croire que, d'une manière générale, il soit indifférent à une société d'avoir ou de n'avoir pas une théorie du monde et de l'homme. Cette théorie supérieure est nécessaire pour donner un sens à nos actes et chez ceux mêmes qui l'ignorent elle ne reste pas sans influence, car ils agissent par l'impulsion, sous la direction ou à l'initiation de ceux qui la savent. Sans elle, sans sa présence visible ou cachée, les forces psychiques et sociales qui ne convergent plus vers elle comme vers un pôle commun agissent individuellement chacune

manque d'harmonie sociale, le désordre,
c'est-à-dire l'immoralité dans la théorie et
dans la pratique, est, je ne dirai pas la consé-
quence du manque d'harmonie intellectuelle,
mais dénote pour ainsi dire le même manque
d'harmonie sociale vu par un côté différent.
Je ne veux pas dire qu'un peuple ait besoin
d'un système religieux ou métaphysique,
d'une collection de dogmes ; il peut s'en passer, il peut même s'il les a n'en tirer aucun
profit, mais il faut que, consciemment ou
non, les éléments de ce peuple, quelles que
soient leurs divergences partielles, concou-
rent à la réalisation d'une même idée générale. Dans une usine il n'est pas nécessaire
que tous les ouvriers aient connaissance du
but de l'entreprise, ni de tous les moyens
employés, ni des lois physiques et chimiques
qui sont utilisées pour la fabrication. Ils peuvent même, dans une très large mesure, différer d'opinion sur des questions d'art ou de
politique, mais il faut que leur œuvre à tous
converge vers un même fait : la production
industrielle de tel ou tel objet et pour cela il
faut que des hommes spéciaux aient inventé
et organisé l'industrie et élaboré des règlements dont ils surveillent l'application, tout

au moins et si l'on peut même arriver à supposer que l'habitude et la perfection croissante de l'organisation rendent la surveillance
inutile et les règlements écrits superflus, ces
règlements ne cessent d'être écrits ou pensés
que pour être inconsciemment appliqués.

Dans notre société ces règlements supérieurs ont fait défaut, ceux que l'on voulait
faire observer étaient mauvais ou inapplica-
bles, et l'on s'en est aperçu ; parmi les directeurs eux-mêmes un grand nombre ont parlé
contre les anciens règlements, d'autres ont
cherché à en trouver de nouveaux. Malheureusement les connaissances voulues ont
manqué non seulement aux ouvriers mais
aux plus élevés des surveillants ou des chefs.
A peine entrevoit-on déjà quelques unes des
lois qu'il faut connaitre pour organiser cette
immense industrie de la vie sociale. Le but
dernier n'en apparait pas bien clairement, on
ne saisit pas bien les effets possibles de telle
ou telle mesure, par rapport à tel ou tel but,
ce qui fait qu'en dehors des conditions nécessaires dont la disparition amènerait la disparition à brève échéance de l'existence de
la société on ne sait trop quelle voie indiquer
à l'activité de l'homme. Nous avons vu les

anciennes croyances battues en brèche, les
anciennes institutions ne le sont pas moins :
c'est la famille qui s'émiette, qui s'amoindrit,
où le lien principal l'autorité paternelle s'est
affaiblie de jour en jour sans qu'on ait même
la consolation de le regretter, où la solidarité
des membres ne s'exerce plus que dans
d'étroites limites que le principe de la responsabilité individuelle tend à resserrer
encore ; c'est le gouvernement local, la petite
patrie détruite, absorbée par le gouvernement central, c'est l'état lui-même compromis
par l'esprit d'indépendance individuelle, par
ce qu'on a appelé « le nihilisme administra-
tif », c'est la forme du gouvernement, dont
l'instabilité depuis cent ans ne laisse se
former aucune habitude, et par suite aucun
sentiment durable et solide à la place de ces
enthousiasmes vifs et passagers, de ces
engouements pour des hommes ou des régimes dont la plupart, sinon tous, ont déçu
leurs meilleurs partisans ; c'est la situation
économique dont les vices apparaissent si
nettement et dont le remède est si peu visible que c'est à peine si l'on aperçoit la voie
par laquelle on a chance de le trouver, où le
manque d'harmonie des intérêts, la sépara-

tion et la lutte du capital et du travail donnent
de si terribles inquiétudes à ceux qui ne pré-
voient pas le déluge après leur mort, et où
l'impuissance pour le bien est devenue une
sorte de passion pour le mal avec le parti
nihiliste. Sans doute en France nous avons
peu souffert de ce dernier symptôme, il ne
faut pourtant pas en méconnaître l'importance, même pour nous. Nous avons eu, en
tout cas, ce qui sans doute est moralement
pire, l'indifférence et le dégoût pour le bien
public, le dilettantisme politique, désigné par
un mot un peu trop expressif pour que je
l'écrive ici, et qui, malheureusemeut, s'accorde trop bien avec une sage entente des intérêts privés de l'individu. Nous avons eu, et
ç'a été ainsi que nous avons traduit le darwi-
nsime, l'apologie de l'égoïsme devenant la
règle des mœurs, de la recherche de la sensation pour la sensation même, du plaisir pour
le plaisir, du mal pour le mal, c'est-à-dire de
l'anarchie morale la moins dissimulée. Dans
la plupart des récits, des romans, des contes
qui représentent après tout l'état mental
d'une classe relativement élevée, instruite et
influente, ce qu'on peut remarquer le plus
c'est l'absence à peu près complète de presque

tout sentiment de solidarité morale et sociale
et souvent même de solidarité individuelle,
de tout but un peu éloigné, un peu long à
atteindre, ce qui impliquerait l'accord d'un
ensemble et d'une suite de désirs, d'idées
et de volontés chez un même individu ; de
tout idéal un peu élevé, un peu large, ce qui
impliquerait l'accord d'un ensemble, et d'une
suite de désirs, d'idées et de volontés chez
des groupes d'individus.

Ce n'est pas seulement dans les faits littéraires qu'on peut prendre des exemples, ces faits
sont des symboles et nous intéressent à ce
titre. Mais la marche croissante de la crimina-
lité, les progrès de l'alcoolisme et des maladies qui en dépendent sont de tristes preuves
d'une anarchie morale inquiétante. Et il ne
serait point juste de dire que l'on vole ou que
l'on s'alcoolise parce qu'on n'a pas un système du monde ou parce qu'on ne croit plus
en Dieu, mais il n'en est pas moins vrai que si
elle se produit, la destruction de l'ordre qui
relie et fait converger les activités des hommes dans une association sociale, des idées
et des désirs dans une association psychologique, rend aux éléments leur activité individuelle et égoïste et tend à faire agir les

hommes sans égard aux autres hommes, les idées, les désirs, tous les phénomènes psychiques sans accord les uns avec les autres.

C'est encore un symptôme de l'anarchie morale que cette spécialisation à outrance dont nous avons été témoins, que cette tendance de chacun à s'enfermer dans son métier, dans ses occupations, dans son art et à refuser de rien voir au delà. Nous avons eu des poètes pour qui l'univers tenait dans une rime riche, dans une image nettement perçue du monde extérieur, des romanciers à qui les questions sociales les plus graves auraient paru moins que rien au prix de l'accueil reçu par l'un de leurs romans, d'autres qui auraient fait volontiers de la régénération d'un peuple une question de style et d'épithètes convenablement appliquées. Cela s'est vu partout, et ce qui frappe encore c'est la tendance de chacun à faire passer les devoirs particuliers avant les devoirs généraux, et par exemple, comme dans un ouvrage récent ceux des médecins et comme dans bien des occasions ceux du reporter avant ceux de l'homme.

Et encore tous ceux dont je viens de parler, reporters, médecins, artistes ou littérateurs, il faut leur savoir gré de la façon rigoureuse dont ils comprennent les devoirs de leur état. C'est qu'il est bien plus aisé de déterminer les devoirs du médecin ou de l'avocat que ceux de l'homme, mais que cette détermination est en revanche bien plus précise et plus sûre ; nous savons ce qu'est un médecin mieux que ce que doit être un homme vivant en société, parce que nous ne savons pas encore ce que doit être cette société. Et c'est peut-être au moins en partie par l'élargissement, par le conflit aussi sans doute et par l'accord final de ces divers devoirs bien précisés qu'une morale générale peut se former et s'établir. Mais il est au moins prudent de lui réserver sa place et de ne pas vouloir, en morale comme en science, se refuser à voir que les faits n'ont d'intérêt que par leur interprétation, c'est-à-dire par leur incorporation dans des cadres aussi nombreux que possibles et d'ampleur croissante, que les morales particulières n'ont pour raison d'être qu'une morale générale à trouver qui les contienne toutes et leur donne leur signification et leur fondement.

Ces moralités spéciales, surtout quelques unes d'entre elles représentent encore un

état assez élevé en ce qu'elles correspondent
à une fonction sociale. Supprimez-les encore
vous arrivez à un individualisme pur, au
triomphe des passions dominantes, à la
morale non de l'homme social, mais de
l'homme individuel qui se réduit à peu près
à l'hygiène et à la prudence, supprimez encore
ces coordinations gênantes vous arrivez à la
domination de l'instinct violent ou du caprice
instable, à l'amoralité déjà signalée, amoralité complète à tous les égards au point de
vue de l'organisation des éléments de l'individu, comme au point de vue de l'organisation des éléments de la société.

Cette anarchie intellectuelle et morale on la
retrouve à peu près partout dans la littérature
des vingt dernières années. Il est un poète qui
l'a chantée avec fougue et une œuvre où elle
éclate avec une conscience voulue. M. Richepin a donné dans les *Blasphèmes* la théorie
complète de l'incroyance et de l'amoralité.
Plus de dieux, plus de philosophie, plus de
lois morales, plus même de lois physiques,
rien ne demeure, le poète ne s'inspire que
de « l'horreur de l'idéal et la soif du néant ».
Et pourtant n'y a-t-il pas ici même un commencement de réaction. Peut-être le néant

devient-il ainsi un idéal, et ceci nous prouve combien il est difficile de s'en passer puisque sur ce simple mot on peut reconstruire toute une morale théorique et pratique aussi compliquée et ausi difficile à appliquer que celle de Jésus-Christ ou que celle d'Auguste Comte. Voilà au cœur même du livre de l'auteur qui a poussé le plus loin le nihilisme théorique une pierre d'attente pour tout un édifice à venir. Il faut reconnaitre d'ailleurs que la philosophie de M. Richepin n'a pas été prise très au sérieux, mais n'est-ce pas là encore un hommage rendu à l'esprit de son livre qui sans doute a surpris et choqué (abstraction faite des crudités et de la rudesse de la forme) moins par ses négations que par la certitude avec laquelle elles étaient faites, par ce qui restait encore d'esprit dogmatique presque d'esprit religieux retourné dans cet apôtre du nihilisme. Peut-être aussi d'un autre côté l'œuvre qui manquait du scepticisme voulu pour plaire aux uns n'atteignait-elle pas un degré suffisant de conviction réelle pour séduire les autres. M. Richepin est pâle à côté de Bakounine.

§ 6.

La dissolution est bien visible dans l'ensemble de la société, elle se présente aussi chez un grand nombre d'individus isolément considérés ; bien entendu elle n'est pas générale à ce dernier point de vue. Il a toujours existé, il existe encore chez nous des croyants de toute sorte, catholiques, protestants, spiritualistes, matérialistes, savants pour qui la science est une foi véritable et comme une religion. Sous une couche de chercheurs, de sceptiques et de tourmentés on retrouvait un fond d'hommes dirigés par de vieilles habitudes persistantes, et chacun, étant tenu et retenu par son métier, par son éducation, par ses préjugés, par sa routine, la vie sociale continuait à peu près comme d'ordinaire. C'est un peu ainsi que la vie organique continue alors que dans le cerveau les passions se déchaînent et que les idées se forment ou se détruisent ou même lorsque la folie, lorsque la démence ont troublé ou dissous l'esprit. Mais l'agitation de la tête n'en est pas moins un phénomène considérable, il importe de savoir si les poumons

respireront, si le cœur battra pour l'accomplis-
sement d'un crime ou d'un acte d'héroïsme,
il importe aussi de savoir si la désorganisation
de l'esprit n'ira pas jusqu'à entraîner la désorganisation et la mort de l'organisme. Quoi
qu'il en soit il est intéressant de mentionner
sous l'agitation de la surface, le calme encore
réel d'une partie des régions profondes, la
persistance soit des sentiments simples, opti-
mistes, naïfs aussi si l'on veut qui ont leur
expression littéraire dans une partie des
poésies de Victor Hugo, dans une bonne por-
tion du théâtre d'Emile Augier, dans les
romans de M. Georges Ohnet, de M. Emile
Richebourg et de bien d'autres dont le succès
n'a rien de littéraire mais a son importance
au point de vue psychologique et social.

La persistance d'états d'esprits différents
de celui qui, à un certain moment, semble
donner l'orientation générale d'une société,
prépare toujours une réaction contre celui-ci.
Parmi les causes d'une croyance, en effet, il
faut compter tous les faits qui lui viennent
en aide directement : les croyances analogues
déjà émises, les besoins intellectuels ou
moraux auxquels elle répond, les désirs nais-
sants ou comprimés jusqu'ici qui peuvent

tirer d'elle quelque satisfaction, mais il faut compter aussi les circonstances qui nous paraissaient aller directement contre elle. Il se produit dans les sociétés des phénomènes tout à fait analogues à ceux du contraste psychologique ; les tendances trop longtemps opprimées acquièrent souvent plus de force, les tendances fortement combattues sont obligées pour se défendre de s'éveiller, de s'épurer, de s'organiser mieux. L'œil ou le cerveau qui a longtemps vu du rouge est porté ensuite à voir tout en vert, et même à côté du rouge naît simultanément une bande de couleur verte.

La généralisation, la diffusion d'un ensemble de croyances ou d'opinions tend à produire une réaction contre elles, car ces croyances ou ces opinions finissent par opprimer des croyances et des sentiments qui ne peuvent s'accorder avec elles et qui, vivaces encore, s'éveillent et se défendent. Ceux mêmes qui ont contribué à les répandre, en viennent souvent à agir en sens inverse. Soit que l'idée en se vulgarisant se déforme, soit qu'on lui attribue une certitude qu'elle n'a pas aux yeux de ses premiers partisans, soit qu'on en tire des conséquences inexactes, soit enfin que les conséquences théoriques et pratiques de l'idée effrayent ses premiers défenseurs, ceux-ci peuvent devenir ses adversaires. Il y a là une première cause de réaction contre une doctrine et même d'action contre des idées ou des sentiments qui ne tiennent pas logiquement à ceux que l'on combat. Ajoutons-en d'autres nombreuses et actives. Quand une doctrine triomphe ou paraît triompher, cela ne signifie pas qu'elle soit bien solide. Parmi ceux qui l'acceptent, un grand nombre sont au fond assez peu zélés. Entraînés dans un camp par l'exemple, par un concours de circonstances peu importantes en somme, ils seront aussi bien entrainés par un exemple contraire dans un camp opposé. Quelques uns d'entre eux auraient accepté avec le même enthousiasme des doctrines tout à fait opposées, d'autres seraient restés indifférents. Parmi ceux qui ne l'acceptent pas une part perfectionne en combattant l'idée en faveur, ses propres opinions et les accommode au goût du jour, ou tout au moins apprend à les présenter de la manière qu'il faut pour se faire écouter et courir la chance de se faire suivre ; d'autres, indifférents en apparence, n'attendent qu'un changement d'orientation, qu'une occasion favorable.

une parole dite à propos, pour célébrer la
doctrine d'hier qui ressuscitera demain en
partie. Si nous ajoutons que la réaction est
très légitime par certains côtés, qu'elle donne
satisfaction à des sentiments importants
gênés ou froissés et qu'il se trouve toujours
des esprits prêts à prendre l'initiative d'un
changement de direction et qui penchent
volontiers, pour rétablir l'équilibre, en sens
inverse du parti qui triomphe, il n'y a pas
doute qu'un ensemble d'idées, comme celui
qui a eu une si grande faveur auprès du
public pendant un temps assez long, doive
déterminer un mouvement de réaction dont
la forme devra varier selon que telle ou
telle des forces qui le produisent se trouvera momentanément plus puissante, selon
la part aussi des idées régnantes qui
pourra se trouver incorporée à la nouvelle
doctrine ; et nous voyons en fait depuis
quelques années des signes non équivoques
de la formation d'un esprit nouveau qui
s'oppose sur bien des points à celui qui
l'a précédé. Ce nouvel esprit n'en sera pas
moins une combinaison des dernières croyances régnantes et des anciennes croyances
plus ou moins évincées, mais encore résistan-

tes, c'est cette synthèse qui lui donne son caractère de nouveauté.

Ne nous laissons pas tromper par les apparences, la réaction n'est qu'une partie du phénomène, et ce n'est pas la plus considérable. L'ancien état d'esprit ne revient pas ; il n'y a pas de complet retour à un état antérieur, pas plus dans la vie intellectuelle des sociétés que dans leur vie politique. L'enfance des vieillards ne ressemble pas à l'enfance des enfants, la restauration n'a pas été semblable à l'ancien régime, en même temps qu'une réaction se produisait contre l'œuvre révolutionnaire, une grande part de cette œuvre se consolidait et tirait une force nouvelle des anciennes idées auxquelles elle était associée. Si nous examinons même le contraste simultané, la lutte de deux croyances opposées et dont chacune reçoit une nouvelle force des attaques de l'adversaire qui surexcitent le zèle de ses propres défenseurs, nous voyons que chaque doctrine dans cette lutte change, se développe, se transforme et s'épure. Les mêmes causes produisent les mêmes effets dans le contraste successif, lorsque une doctrine vient à triompher de la doctrine adverse. Mais ici, outre cette raison de changement et d'amélioration il y en a une plus importante, c'est que non seulement des sentiments comprimés, des croyances froissées reprennent de la vigueur et se transforment en se développant mais, encore ils s'associent avec un grand nombre d'autres sentiments, de croyances, de désirs et de volontés diverses avec qui ils n'avaient point été en contact ou avec qui ils auront, à la faveur de nouvelles circonstances, des rapports tout autres que ceux qu'ils avaient eus jusqu'à présent. Que de croyances et que de désirs peuvent, en effet, rentrer dans un ensemble de convictions aussi bien que dans un autre et selon les temps, venir consolider une doctrine ou renforcer la doctrine opposée! Ces ensembles de convictions d'ailleurs ne sont pas immuables et sacrifient quelque chose de leur ancien contenu pour rendre possible l'acquisition d'éléments forts et nouveaux. La science, par exemple, sous bien des formes a été hostile à la religion. L'astronomie, la biologie ont été exploitées par les incrédules. Avec le développement de l'esprit scientifique, avec l'autorité qui s'est attachée aux opinions que l'expérience et l'induction bien faite avaient fondées, cela pouvait être dangereux pour l'ensemble de croyances et de sentiments qui constituait l'esprit religieux. Il est arrivé alors que l'esprit religieux s'est transformé ; pour s'associer l'esprit scientifique et les éléments de solidité qu'il pensait pouvoir lui emprunter il a laissé échapper une partie des éléments qui le constituaient jadis. Il a, par exemple, été admis que la Bible ne donnait pas de renseignements scientifiques , qu'elle n'apprenait pas à l'homme ce que celui-ci pouvait apprendre autrement, que les objections faites à des opinions scientifiques maintenant reconnues vraies reposaient sur de mauvaises interprétations du texte sacré. La croyance à l'inspiration littérale de la Bible était menacée, la croyance à l'universalité du livre sacré disparaissait, mais les découvertes scientifiques devenaient des arguments en faveur de la Providence et le système du monde était une nouvelle preuve de la puissance divine. L'évolution même des séries animales était pour quelques uns bien plus conforme, que la création des espèces toutes faites, à l'idée que nous devons nous faire de la grandeur et de l'habileté du créateur. Les découvertes et les théories scientifiques étaient ainsi, au moins chez quelques esprits religieux et même pour des ensembles de croyants, mises au service d'un système d'idées et de désirs qu'elles avaient paru menacer.

Ce n'est qu'un cas particulier d'une loi générale. Dans la société comme chez l'individu, les grands courants d'opinion contiennent des éléments nombreux dont l'association peut se dissoudre et se modifier. Chaque élément a, pour ainsi dire, sa vie propre et indépendante, tantôt il s'associe avec un élément différent et tantôt avec l'autre pour combattre le premier. Et même lorsque l'apparence du tout reste sensiblement la même, ce tout se modifie cependant par la perte ou par l'adjonction de nouveaux éléments. Quand cette perte ou cette adjonction ont acquis une certaine importance le caractère de l'ensemble se modifie, certains éléments ont grandi et d'accessoires sont devenus principaux, d'autres, de principaux, devenaient accessoires. L'orientation du système n'est plus la même et sa signification a changé, quelquefois brusquement, quelquefois par gradations insensibles. L'esprit général s'est modifié et a pu passer d'un extrême à l'autre, seulement quelques éléments de l'ancienne combinaison restent comme éléments dans la nouvelle. J'ai tâché de montrer dans ce chapitre, par quelles causes générales, avec quels éléments et selon quels modes généraux d'association s'était formé cet état d'anarchie, mélange d'esprit scientifique et de précision, de vues fragmentaires et restreintes, de désirs bornés, de sentiments un peu secs, ou même brutaux, avec une absence presque complète d'idéal lointain, de sentiments généraux, de croyances sur l'ensemble des choses. Nous avons à voir comment il s'est transformé et comment il tend à être remplacé de nos jours par un état qui le continue à certains égards tandis qu'à d'autres il s'oppose complètement à lui.

CHAPITRE II

L'Amour du mal.

Entre l'anarchie intellectuelle et morale et
le mouvement nouveau vers le mysticisme
et la foi, intervient un état d'esprit assez
étrange, un sentiment rare et curieux qui
témoigne de l'une tout en annonçant l'autre.
C'est une sorte de complaisance dans la
dépravation, d'amour mystique du mal que
le mot de « décadents » dont on a désigné
les membres d'une école littéraire exprime-
rait assez bien si d'ailleurs il avait é é toujours appliqué avec plus de discernement.
C'est un sentiment raffiné et qui, à cause de
cela même, ne peut pas avoir été très général,
mais qui a été assez net pour être considéré
comme un signe intéressant de notre état
moral. Il suppose, et surtout dans ses formes
élevées, certaines conditions qui ne se rencontrent guère que chez des esprits subtils,
compliqués et réfléchis. Celui qui l'éprouve,

en effet, doit d'abord soit ressentir un désir plus ou moins net et plus ou moins contenu pour une chose mauvaise, soit imaginer ce désir, ou le constater chez d'autres, mais alors se l'assimiler dans une grande mesure et il y a toujours en ce cas quelque perversion de l'esprit. Il faut de plus que cette perversion soit reconnue comme telle, que le mal ne soit pas déguisé, il faut enfin que cette perversion et la connaissance qu'on a d'elle soient agréables. L'amour du mal est cet état singulier dans lequel un malade se reconnait malade et se réjouit dans sa maladie qu'il admire complaisamment. Un tel état paraitrait sans doute impossible à ceux qui sont absolument sains, s'il existait de tels hommes, il ne paraitra pas beaucoup plus vraisemblable à ceux qui souffrent de leurs maux et voudraient guérir. On peut cependant arriver, je crois, à l'expliquer et à le comprendre.

D'abord il faut le constater et les occasions ne manquent pas. A des degrés inférieurs la perversion est une chose fréquente, naturelle, je dirai presque normale. La sainteté absolue ne se rencontre pas plus que la santé parfaite. Il est des états morbides où l'appétit se

déprave, le malade avale avec avidité du
charbon, de la terre, ou pis encore. Il en est
d'autres où la volonté est viciée et le caractère détraqué par quelque endroit. Les exemples pathologiques sont frappants et le cas
du marquis de Sade est un des plus caracté-
risés, mais entre le fou et l'homme normal, il
n'y a pas de frontière tracée. La Rochefou-
cauld, qui a bien su voir certains mauvais
côtés de la nature humaine, disait qu'il y a
dans le malheur de nos meilleurs amis quelque chose qui ne nous déplait pas.

Quand il ne s'agit pas de malheurs mais de
simples contrariétés, de désagréments plus
ou moins vifs, non seulement on en jouit, mais
on ne se cache pas pour en jouir, au besoin
on les provoque. Et même on jouit parfois
des maux qu'on éprouve soi-même aussi bien
que de ceux des autres. Les sentiments de
la volupté de la douleur et de la volupté de
la pitié, dont la psychologie s'est occupée,
paraissent déceler parfois une véritable perversion, et contenir comme élément l'amour
de la douleur pour la douleur même.[1] Il est

---

1 Il y a d'autres explications générales à donner de ces
faits curieux. J'ai essayé ailleurs d'en montrer le mécanisme. (Voir *Les phénomènes affectifs et les lois de
leur apparition.* (Ch. III).

des gens qui paraissent prendre réellement plaisir à se tourmenter eux-mêmes et à qui quelque chose semble manquer lorsqu'ils n'ont pas de sujet de chagrin. D'autres aiment à plaindre leurs semblables et leur amour de la pitié ne va pas sans quelque méchanceté réelle; ils aiment parfois moins encore leur pitié que les occasions où ils pourraient l'exercer, alors même que, pour une raison ou pour une autre, ils ne profitent pas de cette occasion. Parfois il arrive que chez les personnes d'humeur mobile et capricieuse le désir de voir souffrir s'impose on ne sait trop pourquoi et c'est souvent le désir de voir souffrir des personnes aimées, il y a là un cas intéressant de l'association des sentiments par le contraste. « Elle me plaisait tant, dit Tolstoï dans ses mémoires à propos d'une jeune fille, que je sentis le désir irrésistible de faire ou de dire quelque chose qui lui fut désagréable. »[1] Musset dans la *Confession d'un enfant du siècle* montre cet état d'esprit devenant un défaut insupportable. « Il y avait de certains jours où je me sentais dès le matin, une disposition d'esprit si

1. Tolstoï, *Mémoires* trad. Halpérine, p. 357,

bizarre qu'il est impossible de la qualifier.
Je me réveillais, sans motif, comme un homme
qui a fait la veille un excès de table qui l'a
épuisé. Toutes les sensations du dehors me
causaient une fatigue insupportable; tous les
objets connus et habituels me rebutaient et
m'ennuyaient; si je parlais, c'était pour tour-
ner en ridicule ce que disaient les autres ou
ce que je pensais moi-même. Alors étendu
sur un canapé, et comme incapable de mouvement, je faisais manquer de propos déli-
béré toutes les parties de promenade que
nous avions concertées la veille; j'imaginais
de rechercher dans ma mémoire ce que durant
mes bons moments j'avais pu dire de mieux
senti et de plus sincèrement tendre à ma
chère maîtresse, et je n'étais satisfait que
lorsque mes plaisanteries ironiques avaient
gâté et empoisonné ces souvenirs des jours
heureux. » [1] L'amour du mal chez autrui
s'allie ici à l'amour de la souffrance personnelle, cela se voit déjà par ce qui précède et
plus encore par cette phrase : « Comment se
fait-il qu'il y ait en nous je ne sais quoi qui
aime le malheur. » [2]

---

1 Musset *Œuvres Complètes*, éd. Charpentier p. 472.
2   id.   id.   p. 488.

2··

Souvent il y a moins de complication dans le sentiment, on a affaire à des gens qui veulent « leur bien premièrement et puis le mal d'autrui. » L'un ou l'autre état psychique sont visibles dans bien des cas de méchanceté, par exemple, dans ce fait d'un riche fabricant accusant faussement un jeune homme qui va se marier d'être atteint d'une maladie vénérienne et maintenant son affirmation « pour le plaisir », ou d'un avocat qui occupant dans l'enseignement une position élevée, prend un engagement verbal pour les appointements d'un employé, refuse de tenir sa promesse sans la nier et congédie l'employé en le gouaillant; [1] ou encore du jeune gredin qui savoure le plaisir du vol au point de s'écrier « quand même je serai riche je voudrais voler toujours ».

La vue même de la souffrance physique n'est pas toujours désagréable, bon nombre de personnes la recherchent. Les exécutions de criminels sont un spectacle fréquenté, et si la question se donnait encore, on trouverait bien des amateurs pour penser que « cela fait toujours passer une heure ou deux. » L'An-

1 *Revue Philosophique*, août 1887.

glais qui suivait, dit-on, un dompteur célèbre,
espérant le moment de le voir manger par
ses lions, était-il un monomane ? Mais si aucun
danger n'attendait le dompteur dans la cage,
les spectateurs seraient-ils si nombreux et
si intéressés ? Quelques-uns sans doute, et
un bon nombre, ont horreur du sang et souf-
friraient de le voir couler, mais ils aiment
à penser qu'il *pourrait* couler et leur intérêt
croit avec le danger, et cela est déjà une
dépravation, car c'est bien le danger pour
le danger qu'on recherche et non pour ses
résultats. Seulement si un accident vient à se
produire, ces sentiments pervers ne sont pas
assez forts pour l'emporter sur la sympathie,
sur l'impressionnabilité qui s'éveille, et nous
sommes alors portés à croire que les derniers
sentiments seuls existent réellement en nous.
Si nous allons plus loin encore, est-ce autre
chose l'instinct des lecteurs de faits-divers,
d'accidents et de crimes que la manifestation
affaiblie de sentiments dépravés ? Et l'intérêt
qu'éprouvent les lecteurs de roman, ceux qui
le lisent pour « l'histoire » ? Sans doute ils
aiment à voir la vertu récompensée, mais ils
n'aiment pas que cela, ils aiment à la voir
menacée. Ils sont assez bons pour souffrir si

elle succombe, ils sont assez pervers pour jouir
de ses traverses. Et que dire des amateurs
de combats de coqs et des auditeurs assidus
de cour d'assises ? Mais on n'en finirait pas à
les énumérer. Évidemment je ne prétends pas
que dans tous les cas que j'énumère l'homme
soit foncièrement mauvais, je veux constater
seulement qu'il y a en lui quelque chose de
mauvais, un certain élément de perversion
qui peut varier de la perversité complète à l'in-
nocence *presque* absolue.

Il n'a guère été question jusqu'ici que de la
cruauté, la luxure prêterait plus encore peut-
être aux développements. Ce n'est pas, quand
elle domine, la souffrance qui est recherchée,
si elle intervient parfois c'est pour assaisonner
la volupté mais nous revenons alors à la
cruauté qui n'est pas forcément séparée de
l'amour; c'est le plaisir qui est voulu, mais ce
plaisir est souvent obtenu soit par des altéra-
tions de l'instinct sexuel, soit par des dépravations sociales comme l'adultère qui, pour quelques-uns, en augmentent l'agrément. Je renvoie
aux casuistes, aux médecins, aux moralistes
et aux psychologues qui ont traité la question.

La perversion ici est probablement de tout
temps et de tout pays. Et non seulement cette

perversion existe mais on ne fait pas trop de difficulté pour s'en avouer atteint quand on n'y met pas de la vanité, et dans certaines classes d'esprits et de caractères très répandus je ne sais si l'on trouverait beaucoup d'hommes pour se dire très fiers d'y avoir complètement échappé. Et puis ces déviations de l'instinct existent, il faut bien les connaître, de fait il serait difficile et un peu ridicule de les ignorer, mais combien prennent-ils à apprendre même ce qu'ils n'oseraient peut-être pas exécuter, un plaisir qui n'est pas d'ordre strictement scientifique ?

Il n'est pas nécessaire de démontrer plus longuement que l'homme n'est ni un ange ni un dieu. Mais ces éléments mauvais qui se montrent en lui et qui sont nécessaires pour que les formes supérieures de l'amour du mal puissent s'établir et se développer ne suffisent pas à les constituer. Bien des gens font le mal sans croire le faire et sans s'y complaire. D'autres s'y complaisent bien, mais par une partie de leur moi pour ainsi dire et avec une certaine inconscience. Il y a en eux quelque chose qui aime le mal pour le mal, mais ils ignorent ce quelque chose, souvent parce qu'ils veulent l'ignorer. Ils sont en général

désagréablement surpris quand on leur dit la
vérité et surtout ils se refusent à l'admettre.
Tous ceux-là si coupables qu'ils puissent être
n'ont pas ce raffinement de perversité, cette
conscience spécialement orientée vers le mal
que nous recherchons. Les mêmes actes, mauvais d'une manière générale, sont accomplis
avec plus ou moins de volonté mauvaise. Ainsi
si nous lisons les auteurs grecs nous n'éprou-
vons pas en prenant connaissance de certaines
habitudes de l'époque, la même impression
de perversité que nous font éprouver les allu-
sions aux mêmes faits qui peuvent se rencon-
trer dans des auteurs contemporains. Nous
sentons très bien que les mêmes faits sont
appréciés autrement, et l'on dirait qu'il peut
entrer dans l'esprit d'un homme de notre âge
une certaine joie de déranger l'ordre de la
nature qui ne paraît pas s'être manifestée
autrefois avec une pareille intensité. C'est une
des mille formes du repliement sur soi qui
caractérise notre civilisation avancée. De
même que la constatation en nous de tristes-
ses d'un certain ordre engendre la mélanco-
lie, ce « bonheur d'être triste », de même la
constatation en nous de certaines dépravations peut engendrer un plaisir particulier

dont nous aurons tout à l'heure à rechercher les causes.

Les cas de perversité voulue se rencontrent à peu près partout dans une littérature qui abonde depuis plusieurs années. Un poète, chroniqueur du *Gil Blas*, M. Catulle Mendès, si je ne fais erreur, exprimait, il n'y a pas bien longtemps, le vœu que les femmes conservent précieusement leurs croyances religieuses afin de donner plus de piquant aux plaisirs variés que l'Eglise condamne. Le même auteur, dans un de ses derniers romans, fait parler son héroïne de façon fort explicite : « T'aurais-je pu vouloir avec la même ferveur, dit-elle à son amant, s'il m'avait été permis de te vouloir ? Ne dois-tu pas peut-être l'excès délicieux de mon désir à ma colère contre tes remords ? Toi-même descends au fond de ta pensée, interroge l'inavoué de ton être, toi-même, tu m'aurais moins aimée si ton amour ne t'avait semblé un crime. » Un autre littérateur, un poète d'un génie doux et mystique, a chanté tout récemment dans un volume de vers le saphisme et la pédérastie, et peut-être y met-il moins de malice que le précédent mais il y en met encore et parle volontiers de « glorieux stigmate » et de « grand péché

radieux ». Un autre encore a généralisé davantage et c'est M. Huysmans, il nous a dépeint
le véritable héros du roman « fin de siècle » le
névrosé maniaque, épuisé d'esprit et de corps,
dégouté de tout et voulant renoncer, autant
que possible, à tout ce qui lui parait naturel.
Le titre du livre : *A rebours*, en indique parfaitement l'esprit ; ici l'amour du mal, l'horreur de la nature, et à certains moments, une
vague vision de la possibilité d'un idéal se
mêlent étroitement et se confondent.

On ne peut guère dépasser comme exposé
concret de décadence morale le livre de
M. Huysmans. Comme théorie, Baudelaire, il
y a déjà presque longtemps et de noś jours
MM. Paul Bourget et Joséphin Péladan sont
allés peut-être plus loin ou plus haut. Baudelaire a dû une bonne part de son originalité à sa systématisation de la perversité.

> C'est le diable qui tient les fils qui nous remuent !
> Aux objets répugnants nous trouvons des appas ;
> Chaque jour vers l'Enfer nous descendons d'un pas,
> Sans horreur, à travers des ténèbres qui puent.

Et ailleurs :

> Tête-à-tête sombre et livide
> Qu'un cœur devenu son miroir !
> Puits de vérité, clair et noir,
> Où tremble une étoile livide.

Un phare ironique, infernal
Flambeau des grâces sataniques
Soulagement et gloire uniques
La conscience dans le mal.

M. Bourget fit à propos de Baudelaire l'analyse et presque l'apologie de la décadence et
du décadentisme, de ces états de la société et
de l'âme où la désagrégation de l'ensemble
permet aux éléments, aux hommes, aux idées,
aux sentiments de montrer leur activité propre et la richesse complète de leur nature
sans les obstacles que la pression de la
société humaine, ou de la société psychique
si l'on me permet ce mot pour désigner l'esprit qui est un composé comme l'est un peuple, accumulent devant eux pendant l'état
de santé. L'analyse était fine et exacte,
l'apologie était discutable. M. Bourget lui-
même a dû penser qu'elle ne répondait pas
à tout puisque nous devons le retrouver tout
à l'heure dans un mouvement allant à l'opposé de celui que nous examinons à présent.

M. Joséphin Péladan a donné dans le *Vice
suprême* une étude puissante, profonde et
très idéalisée de l'amour du mal. Un des
maîtres dont il procède, Barbey d'Aurevilly,
avait déjà, dans ses *Diaboliques*, indiqué la

voie et l'on ne peut oublier en parlant de ces deux littérateurs un artiste, M. Félicien Rops, qui a d'ailleurs illustré leurs œuvres de ses compositions et à qui on doit de fort belles réalisations de ce mysticisme satanique et pervers. « Qu'on nie satan, dit M. Péladan, la sorcellerie a toujours des sorciers, non plus des bergers noueurs d'aiguillettes, envoûteurs de fermiers et jeteurs de sort aux bestiaux ; mais des esprits supérieurs qui n'ont pas besoin de grimoire, leur pensée étant une page écrite par l'enfer pour l'enfer. Au lieu du chevreau ils ont tué en eux l'âme bonne et vont au sabbat du Verbe. Ils s'assemblent pour profaner et souiller l'idée. Le vice qui est né leur suffit pas, ils inventent, ils s'émulent dans la recherche du *Mal Nouveau*, et s'ils le trouvent, s'applaudissent. Où est le pire, de la Sabazie du corps ou de celle de l'esprit, de l'action criminelle ou de la pensée perverse ?

« Raisonner, justifier, héroïser le mal, en établir le rituel, en démontrer l'excellence est-ce pas pis que de le commettre ? Adorer le démon ou aimer le mal, terme abstrait ou concret du fait identique. Il y a de l'aveuglement dans la satisfaction de l'instinct, et de la démence dans la perpétration du méfait, mais concevoir et théoriser exigent une opération calme de l'esprit qui est le *Vice Suprême* ».

Le fait qu'un certain nombre d'écrivains de talent se sont plu à systématiser la perversité ou même à la peindre est un indice suffisant de l'existence de la tendance bizarre et compliquée dont il s'agit ici et même de sa généralité relative, je dis relative parce qu'elle est trop complexe pour s'étendre bien loin sous ses formes élevées. Si d'ailleurs on veut supposer que les descriptions de certains auteurs manquent de sincérité et marquent seulement des prétentions mal justifiées ou même sont une plaisanterie d'un goût équivoque, on n'en peut rien conclure sinon l'importance d'un sentiment qui s'impose même à ceux qui ne le partagent pas, et on ne doit pas oublier que les professions de foi non sincères outre qu'elles sont aussi aptes à nous éclairer les âmes de ceux qui les font, nous montrent également bien l'état d'esprit de la société où ils rêvent et pour laquelle ils parlent. Faut-il rappeler d'ailleurs que de temps en temps les situations morales se traduisent çà et là par des actes dont le retentissement éveille l'attention de tous ? L'affaire Chambige nous a

montré, il n'y a pas bien longtemps encore
comment des courants de pensées et des sentiments généraux aboutissent à des drames
particuliers. Un sceptique malade, sincère et
amoureux de mensonge, représentant l'état
aigu de la désorganisation intellectuelle et
morale, une femme pieuse d'abord estimée,
de cœur honnête et d'esprit droit semble-t-il,
se laissant entrainer jusqu'au suicide à deux,
jusqu'à cette « fureur de dépravation abomi-
nable, inexplicable » qui se montre chez elle
dans la scène finale, cette scène elle-même
où « il lui faut l'ivresse compliquée d'angoisse, spasme et râle mêlés, être souillée et
tuée tout ensemble, et, s'il se pouvait, tuer
aussi » [1], c'est le symptôme sans doute d'une
sorte de folie individuelle, mais c'est aussi
le signe d'une maladie sociale qui perce à un
endroit de moindre résistance comme un
abcès qui dénote le mauvais état d'un organisme appauvri et infecté.

(1) Tarde, *l'Affaire Chambige. Archives de l'anthropo-
logie criminelle et des sciences pénales*, janvier 1889 ;
voir aussi *les Habitués des prisons de Paris*, par le D*
Emile Laurent.

§ 2

Nous comprendrons mieux l'amour du mal
et même nous le verrons mieux en analysant
les conditions qui lui ont permis de se former.
Parmi ces conditions, les unes proviennent
de cet état d'anarchie dont nous avons parlé
tout à l'heure ; les autres, au contraire, font
pressentir la persistance et la réaction des
anciennes tendances et surtout la formation
d'un nouvel esprit. Examinons d'abord les
premières.

L'organisation, la synthèse systématique
est la propriété fondamentale de l'esprit
humain. J'entends que l'esprit humain est
ainsi fait que, à propos de tout, il se produit
en lui une certaine quantité de phénomènes
liés entre eux et réunis par une loi de finalité, de systématisation. Toutes nos sensations ne peuvent se produire que par la
combinaison d'un certain nombre de phénomènes psychiques. Un son musical est en
nous le résultat de la combinaison d'un certain nombre de sensations élémentaires.
Même une perception quelconque est la synthèse d'une sensation et d'une certaine

quantité d'images et d'idées; on peut dire
jusqu'à un certain point que nous ne voyons
et que nous n'entendons que ce que nous
comprenons d'une certaine manière, c'est-à-
dire ce qui peut éveiller en nous un système
d'idées et d'images.

Toujours et partout, chaque sensation,
chaque idée, chaque état de conscience est
plus ou moins interprété, toujours l'esprit
construit à propos de lui un petit édifice dont
il est un des matériaux. Dans les recherches
du savant qui tâche de trouver les lois du
mouvement de la lune, comme dans l'erreur
de l'aliéné mélancolique qui prend ses aliments pour du poison, nous retrouvons une
forme unique du procédé de l'esprit, la systématisation plus ou moins bien faite, plus
ou moins large, plus ou moins durable, de
divers faits psychiques, la coordination, la
synthèse des sensations, des idées et des
tendances.

Ainsi forcé de raisonner, de travailler sur
tout ce qui se présente à lui, l'homme a dû nécessairement raisonner sur le mal, l'étudier,
chercher à le connaitre, à le comprendre. Les
esprits supérieurs qui s'en sont occupés ont,
en employant des facultés plus élevées, cher-

ché à idéaliser le mal, je veux dire à concevoir le mal sous toutes ses formes, sous
tous ses aspects, à faire un mal qui fût aussi
mal que possible, à chercher les raffinements
du mal, comme d'autres cherchaient par un
autre effet de la même tendance, les raffinements du bien.

Une raison bien simple nous explique que,
dans les circonstances où nous nous trouvons, la réflexion se soit volontiers portée sur
le mal et sur les mauvais côtés de la nature
humaine. Il se produit encore ici une association par contraste. Les désirs les plus
comprimés, s'ils sont restés puissants, sont
ceux qui se manifestent avec le plus de force
lorsque l'obstacle est levé qui s'opposait à
leur satisfaction. On éprouve le besoin d'agir
autrement qu'on n'a été longtemps obligé de
le faire, au moins de rêver à des actions différentes de celles que l'on accomplit jour-
nellement. Les affamés rêvent de bons
dîners et les gens trop sages perdent en dor-
mant leur réserve habituelle. Ainsi la pratique ordinaire de la vertu doit, chez l'homme
imparfait, déterminer un penchant de l'imagination vers la perversité, heureux quand
l'imagination seule en est affectée. On sait

assez que qui veut faire l'ange fait la bête,
c'est seulement une question de savoir s'il ne
vaut pas mieux faire l'ange, quand on peut,
au risque de faire aussi la bête parfois, que
de faire l'homme, ce qui ne préserve peut-
être pas complètement des chutes.

La dissolution des croyances supérieures,
même partielle, permet aux tendances
qu'elles réprimaient tant bien que mal de se
montrer plus librement. Par cela même
elle attire la pensée sur elles de plusieurs
manières ; soit qu'elles s'imposent à notre
attention par leur attrait propre et par le
charme que nous leur trouvons naturellement, soit au contraire que nous ayons à
réagir contre elles en nous, ou chez les
autres, notre attention est attirée vers elles.
Or ces tendances que la religion, les croyances philosophiques, les habitudes familiales
et sociales comprimaient et restreignaient en
nous de manière à empêcher sinon toujours
de les satisfaire au moins de les satisfaire
librement et sans arrière-pensée, ces tendances sont toujours vivaces parce que leurs
principaux éléments sont des conditions
nécessaires de la vie de l'espèce et de la vie
de l'homme en société et qu'elles ne sont pas

mauvaises par elles-mêmes mais simplement par la trop grande puissance ou les développements anormaux et excessifs qu'elles peuvent acquérir si rien ne les contient ou ne les réprime. L'amour reste évidemment une des grandes forces de la nature animale et il ne faut pas s'étonner de le voir s'épanouir dans un temps de relâchement moral, avec toutes les déviations que notre civilisation ni aucune autre ne parait avoir inventées et que les animaux n'ignorent pas absolument. La cruauté, cette exagération anormale de l'instinct de conservation personnelle, ce contraste, peut-être cette perversion de la pitié doit se réveiller aussi, d'autres sentiments feront de même et forcément l'étude du mal s'imposera d'autant plus que le mal lui-même se manifestera en nous et sous nos yeux.

Les mêmes causes qui expliquent la nécessité de cette étude nous font comprendre comment elle peut être agréable et quel plaisir nous pouvons éprouver à la faire. Il y a, pour qu'il en soit ainsi, une raison d'ordre très général.

Quelles sont les conditions pour qu'une impression agréable se produise? Il faut et il suffit pour cela que l'esprit soit dans cet

état d'activité organisatrice dont nous par-
lions tout à l'heure, qui est la forme essentielle de son fonctionnement, il faut aussi que
cette activité soit à peine contrariée. Quand
notre activité est trop enrayée, il se produit
une émotion pénible; quand elle n'est pas
contrariée du tout, l'indifférence survient et
même la conscience disparaît : le fonctionnement mental devient automatique. C'est un
fait bien connu que l'habitude, en facilitant les
actes, émousse les sentiments. Un problème
qu'on ne résout pas donne une impression
désagréable, un problème qu'on résout trop
facilement laisse indifférent, un problème que
l'on parvient à résoudre après quelques efforts
cause une impression de plaisir.

Il pourrait sembler, au premier abord, que
le mal doit nécessairement nous donner des
impressions désagréables. Le mal sous toutes
ses formes est en effet ce qui est, ou plutôt ce
qui doit être contraire à l'activité normale de
l'homme. Penser à une aiguille qui vous
perce le bras, à un fer rouge qui vous brûle
est plutôt désagréable qu'agréable. De même
songer aux victimes d'un assassinat peut
donner par sympathie une émotion poignante.
Le vice, la débauche sont évidemment très

susceptibles de nous donner des impressions pénibles de dégoût ou d'horreur en contrariant certaines tendances qui sont en nous. Toutefois en admettant que la règle soit que le mal nous répugne et que l'idée du mal nous soit désagréable, cette règle supporte de nombreuses exceptions que nous pouvons comprendre.

L'activité normale de l'homme, en effet, ne peut être constituée précisément que par l'idée directrice selon laquelle s'ordonnent et s'orientent tous les éléments de l'esprit humain. Pour beaucoup d'impressions qui, par elles-mêmes, sont indifférentes, c'est seulement cette direction supérieure qui nous permet de les juger, si donc cette direction supérieure vient à disparaitre ou simplement à s'affaiblir, le jugement que nous porterons sur elles ne sera plus suffisant pour nous les faire détester.

Actuellement nous sommes des artistes, et nous avons l'esprit large, non pas tous. Ce sont les conditions de notre société qui le veulent. Nous avons vu passer des régimes divers de gouvernement, nous avons appris à connaitre un grand nombre de systèmes politiques, nous avons été initiés à tous les systèmes religieux et philosophiques possibles, nous avons lu les œuvres de littérateurs classiques, romantiques, naturalistes, décadents et d'autres encore. De nos jours, l'histoire, la critique ont eu souci de nous présenter moins des enseignements que des renseignements, nous avons appris à considérer avec sympathie des croyances qui ne sont pas les nôtres, tout au moins à retenir notre jugement pour les bien comprendre. Il y a eu un peu d'engouement, de mode, et une étroitesse particulière dans ce grand mouvement. On s'est imaginé que tout comprendre était à peu près synonyme de tout approuver ; critiquer, discuter, réfuter, cela paraissait une vieille méthode. Cette première partie d'un examen bien conduit, l'acte de l'esprit qui, oubliant momentanément ses préjugés ou ses connaissances, entre dans des idées qui ne sont pas les siennes, nous avons été avec raison habitués à l'accomplir. Nous avons appris à faire taire nos répulsions intellectuelles ou morales pour mieux être sûrs de l'impartialité de notre examen. D'un autre côté, en même temps que l'histoire et la critique, l'art contemporain nous a dressés d'une manière analogue. On nous a dit qu'il fallait, pour apprécier une

œuvre d'art, faire abstraction de nos préfé-
rences personnelles, de nos goûts, de nos
habitudes, que dans l'art il ne fallait considérer que l'art lui-même et non les co ıven-
tions sociales, morales, religieuses ou philosophiques, qui règlent notre vie active, et
certes, à plusieurs égards, cette théorie est
parfaitement juste. Ainsi de tous les côtés à
la fois nous avons appris à contempler, à devenir en quelque sorte impersonnels, à supprimer momentanément, pour voir, pour comprendre et pour jouir esthétiquement, une
grande partie de notre nature. Et c'est cette
disposition particulière que l'on a raison de
développer autant que possible, mais qui doit
avoir comme contre poids les qualités d'un
esprit juste et assez puissant pour se reprendre après s'être donné et embrasser l'ensemble après avoir contemplé les détails, c'est
cette disposition fréquente de nos jours à
divers degrés de développement qui a permis
que l'impression désagréable de la représentation du mal fût à peu près ou complètement
supprimée en certains cas.

Le mal apparaît en ce cas simplement comme un sujet d'études ou comme un objet d'art,
et le sujet d'études est curieux et intéressant,

5.

et surtout l'objet d'art peut être magnifique.
Car les mêmes raisons qui font que le bien est
meilleur : l'unité finale et la complexité des
actes, sont aussi celles qui font que le mal est
pire et ce sont celles aussi qui font que le beau
est beau. Un chef de brigands est plus cou-
pable qu'un voleur à la tire, mais il est aussi
plus beau, et il est plus beau précisément
parce que ses crimes sont plus nombreux,
mieux coordonnés, accomplis avec plus de
puissance, c'est-à-dire en un mot, parce qu'il
est plus criminel. Et voyez comme cette vérité
est évidente quand le point de vue peut se
retourner, un conquérant est, à certains
égards, d'autant plus admirable aux yeux des
vainqueurs qu'il est plus détestable aux yeux
des vaincus. Les mêmes qualités qui font
l'excellence du bien font aussi celle du mal,
d'où vient la possibilité de prendre le mal
pour objet de l'admiration esthétique, laquelle
est un des sentiments les plus agréables. Il y
a de la justesse dans cette analyse de M. Joséphin Péladan : « Gadagne était le type du théo-
ricien pervers à l'existence débonnaire, incapable non seulement d'un crime, mais d'une
indélicatesse pour son propre compte, il
professait en revanche le machiavélisme le

plus épouvantable à qui voulait l'écouter. Par
aberration, il se complaisait à l'esthétique
du mal, admirant les monstres de l'histoire,
trouvant de l'envergure à l'égoïsme que rien
n'arrête dans sa satisfaction. « Un vice extrême vaut mieux qu'une vertu moyenne, » pen-
sait-il, et la conscience en sécurité, il se fit le
conseil de Claire Pitau et apporta, dans cette
étrange direction spirituelle, le soin minutieux d'un esprit habitué à manier les nuances
métaphysiques ».

La contemplation esthétique et la contemplation scientifique se touchent et se ressemblent. L'une et l'autre sont désintéressées.
Je ne crois pas qu'un savant, un homme
d'étude trouve jamais laid ou indifférent l'objet
habituel de ses préoccupations. Les érudits
qui ont étudié les débuts de notre littérature
se sont épris de chansons de gestes qui lais-
seraient froid tout autre lecteur. Chaque
savant croit volontiers que sa science est
bien supérieure à toutes les autres, et l'on
sait avec quel orgueil Vestris parlait de la
danse. C'est que celui qui approfondit un
objet quelconque, qui en examine le mécanisme, et qui peut en contempler à la fois
l'ensemble et les détails, celui-là éprouve

forcément une émotion esthétique, car l'émotion esthétique n'est pas autre chose que l'émotion particulière qui se produit dans ces conditions, il trouve beau l'objet de son admiration et cet objet lui est agréable. Ainsi, dans l'étude du mal, si nous faisons taire nos préoccupations morales, et certaines préoccupations égoïstes ou sympathiques, nous pouvons en venir à nous intéresser au mal, à le contempler avec plaisir. Et l'une ou l'autre voie, la voie artistique ou la voie scientifique conduit naturellement à comparer les divers cas, à s'intéresser à ceux qui offrent le plus tranchés les caractères que l'on admire ou que l'on étudie, et, l'imagination aidant, à créer des types plus complets que ceux que l'observation présente, à développer harmonieusement les caractères du mal, à faire un idéal du mal, et à le prendre pour un objet d'admiration, pour une cause d'émotions agréables. Un pathologiste trouvera belles d'épouvantables maladies, un psychologue ou un moraliste pourra bien arriver à se plaire à l'idée des dépravations les plus graves. Tout état psychique qui se forme est par lui-même agréable, il n'est désagréable que parce qu'il contrarie d'autres tendances, d'au-

tres désirs, d'autres croyances et qu'il est à
son tour contrarié par eux. Si nous suppo-
sons que l'affaiblissement des croyances
générales et des tendances supérieures d'une
part, l'habitude d'autre part, rendent ces
froissements négligeables, nous voyons que
l'amour esthétique du mal peut être possible.

En général, d'ailleurs, il naitra d'autant
plus aisément qu'il trouvera dans l'esprit des
appuis, des complices. Tous ces désirs que
comprimaient des habitudes religieuses, philosophiques ou simplement sociales vont
reprendre leur force et leur activité indépendante. Et c'est précisément l'ensemble de
ces désirs qui était autrefois regardé comme
le mal, et plus ou moins réprimé. Par leur
force propre, ils réagissent maintenant avec
d'autant plus d'énergie qu'ils ont été plus comprimés et que leur répression a été plus difficile. L'harmonie qu'une orientation commune
imposait à l'esprit a disparu, tous ces éléments naturels de trouble et de perversion,
tendances naturelles ou déviées, désirs nor-
maux ou morbides, cherchent à s'imposer à
notre activité. Le plaisir du mal ne vient pas
seulement de la systématisation générale que

la théorie établit dans l'esprit, il n'est pas
toujours d'ordre esthétique ou scientifique,
il est aussi produit par le plaisir que cause
directement le jeu relativement facile, le développement moins entravé de ces tendances
vivaces encore que des considérations supérieures pouvaient gêner. Si l'on en vient à
aimer le mal, c'est parce qu'il est un beau
sujet d'études, mais c'est aussi parce que
dans la plupart des cas, ce que des opinions
maintenant affaiblies nous faisaient considérer comme mal, nous était, en soi, agréable
et flattait nos appétits. Et nous voyons
comment l'anarchie intellectuelle et morale
offre des conditions favorables aux formes
supérieures, esthétiques et scientifiques, de
l'amour du mal, mais aussi à ses formes
passionnelles et vulgaires.

§ 3

Voici maintenant d'autres conditions de
l'amour du mal et qui sont différentes des
premières et de nature opposée. Pour que ce
sentiment puisse naitre et s'épanouir dans les
formes que nous lui avons vu prendre, il

faut bien que les instincts supérieurs, ceux qui nous mettent à l'unisson de la vie sociale, et si cela se peut, de la vie du monde, soient relachés et affaiblis, il ne faut pas qu'ils soient complètement dissous. Au reste, les sentiments moraux ou sympathiques ne se laissent pas supprimer complètement et même lorsqu'on les contrarie, ils ne sont pas sans exercer quelque influence sur la vie de notre âme. C'est là justement ce qui fait que l'attrait du mal est peut-être un des plaisirs sur lesquels on se blaserait le moins, un des plus troubles, mais des plus pénétrants, des plus poignants, si je puis dire, des plus intenses même comme toutes les voluptés auxquelles se mêle quelque douleur qui les relève. Ce dédoublement de l'observateur, du contemplateur, ou simplement du voluptueux et de l'homme social est éminemment favorable à la naissance d'un sentiment subtil et indécis. Sans doute si les instincts moraux ou religieux venaient à s'éveiller trop, la contemplation du mal ne causerait plus que de l'horreur ou du dégoût, mais si ces instincts moraux venaient à disparaitre, le mal, en tant que mal, deviendrait indifférent et n'offrirait plus cet attrait pervers qui le signale.

Toutefois, cet attrait peut subsister par le fait seul que les sentiments moraux ou religieux éteints chez l'individu qui le recherche existent encore chez ceux qui l'entourent. Ces instincts en ce cas s'imposent à lui et deviennent quelque peu siens par l'idée qu'il s'en fait, par la représentation que son milieu lui impose, mais alors le plaisir perd d'autant plus de son acuité et de son raffinement que les sentiments contrariés appartiennent moins en propre à la personne qui les contrarie. Cette dame espagnole qui souhaitait commettre un péché mortel en savourant son chocolat, devait être une croyante, pour des athées convaincus, le péché mortel n'aurait rien d'attirant. Si quelques-uns paraissent se complaire au blasphème, au repas du vendredi-saint et à d'autres facéties du même goût, c'est ou bien qu'ils n'ont pas tout à fait dépouillé le vieil homme, et qu'ils ont le plaisir d'aller contre leurs anciennes habitudes assez effacées aujourd'hui pour que cette contrariété ne soit pas une peine, assez persistantes cependant pour qu'elle puisse être un plaisir, ou tout simplement qu'ils veulent froisser les sentiments de ceux qui ne pensent pas comme eux. Et c'est précisément parce que ces habitudes tiennent d'une façon ou d'une autre peu de place dans leur vie mentale que leur plaisir nous paraît moins immoral, peut-être, mais en revanche un peu plat.

Aussi des croyances religieuses ou morales assez arrêtées ne sont pas un obstacle à la délectation de la faute, du péché même commis, ou à un degré différent, entrevu et rêvé, elles sont au contraire, et l'horreur du mal est elle-même une condition favorable pour éprouver ce plaisir quand elle est suffisamment affaiblie, suffisamment enrayée par la contemplation esthétique, par le plaisir de l'étude, ou même par la violence de la passion sans être tout à fait anéantie. Quelque paradoxal que ce fait puisse paraître, il s'explique bien par les lois générales de l'activité de l'esprit, par les conditions connues de la douleur et du plaisir. Du reste l'expérience le confirme. Et c'est pourquoi l'amour du mal nous a paru être le signe à la fois de l'anarchie morale qui règne encore et du nouveau mysticisme naissant, une sorte de synthèse très spéciale de ces deux états d'âme opposés mais qui peuvent se réunir à quelque degré dans les esprits qui, tout en conservant ou en acquérant des croyances d'ordre moral, social ou cosmique, se sont habitués ou ont été habitués par leurs conditions d'existence et l'état de leur milieu à contempler, à analyser, à pénétrer les idées et les sentiments les plus opposés aux leurs et se sont assouplis au point de les incarner en eux-mêmes au besoin lorsque d'ailleurs ils ne les avaient pas déjà, par une de ces contradictions psychologiques qui sont ordinaires chez l'homme.

Plusieurs des écrivains qui peignent évidemment les plus fortes dépravations avec un certain plaisir d'artiste, sont des catholiques ardents. Il n'y a pas là du reste une simple persistance du passé, ou un retour à de vieilles croyances, leur catholicisme a toujours une allure très-personnelle, très-singulière, j'ajouterais, si je ne craignais de m'engager sur un terrain qui n'est pas le mien, qu'il n'est peut-être pas toujours orthodoxe, mais de plus autorisés pensent ainsi. Barbey d'Aurevilly était, voulait être un croyant; il écrivit à Baudelaire, après avoir lu *les Fleurs du mal*, « il n'y a plus que deux partis à prendre pour le poète qui les fit éclore : ou se brûler la cervelle, ou se faire chrétien »; et Baudelaire se fit chrétien, paraît-il. M. Péladan, admirateur et disciple de Barbey d'Aurevilly, s'est fait le défenseur d'une sorte de catholicisme esthétique, et donne des avertissements, quand l'occasion le veut, à des princes de l'Eglise. Lui aussi, il a montré à M. Huysmans après *A Rebours* comme Barbey d'Aurevilly à Baudelaire après *les Fleurs du Mal*, le suicide et la croix. J'ignore si M. Huysmans, très favorable au reste dans *A Rebours* aux écrivains catholiques, a fait un choix ou s'il a trouvé moyen d'échapper au dilemne, mais un autre décadent, M. Paul Verlaine, s'est converti. Après *les Fêtes galantes*, il a écrit un admirable volume de vers mystiques : *Sagesse ;* après *Sagesse*, il a chanté dans un autre volume, *Parallèlement*, des joies renouvelées des Grecs, que la perversité moderne n'a pas introduites dans la littérature, mais qu'elle a peut-être fait accepter plus ouvertement du public. Et tous ces auteurs, dont je cite le nom à propos de l'amour du mal, j'aurai à les mentionner encore à propos du mysticisme qui renaît. Ce sera le cas, par exemple, de Villiers de l'Isle Adam. Villiers aussi était catholique, il demanda un jour à un lecteur de l'*Histoire de la Création*, de Hœckel,

le prix de cet ouvrage. — Environ dix francs.
— « Le catéchisme, répond Villiers, ne coûte
que deux sous », et le voilà qui s'enthousiasme de ce mot au point de le répéter pendant une après-midi. « Le plus drôle, nous
dit l'auteur à qui j'emprunte l'historiette précédente, c'est qu'en affectant une foi de sémi-
nariste il se délectait à blasphémer. Il considérait le droit au blasphème comme sa
propriété particulière, ne tolérant jamais
qu'on lui donnât la réplique lorsqu'il s'égayait
avec le divin. Ce breton catholique fréquen-
tait Satan encore plus que Dieu. » Et voici ce
qui montre l'avenir, non le passé, dans ces
manifestations d'une religiosité si peu régu-
lière, et un sentiment vague assurément,
mais que nous allons voir tout à l'heure se
préciser et prendre une signification se dé-
gageant d'une quantité innombrable de faits
variés : « Les prêtres dont il recherchait le
commerce et qu'il provoquait volontiers aux
joutes théologiques, se sont toujours refusés
à reconnaître son christianisme comme orthodoxe ; j'estime qu'ils ne se trompaient
pas. Villiers s'était fait un catholicisme à
son usage comme il s'était fait une esthétique, une morale sociale et une politique,

le tout en dehors des dogmes et des traditions. » [1]

Rappelons encore dans un ordre d'idées
différent mais analogue le plaisir que certains hommes intelligents éprouvent à constater la stupidité de leurs semblables. Ç'a
été une des grandes jouissances de Flaubert, et un trait de son caractère qui se
rapproche de celui-là, rentre encore mieux
dans notre sujet : « Il n'y a pas, lui disait Louis
Bouilhet, — et c'est Flaubert lui-même qui
nous l'apprend, — il n'y a pas d'homme plus
moral ni qui aime mieux l'immoralité que
toi. » [2]

Cet attrait du mal pour l'homme honnête
est analogue à l'attrait du bien pour les
vicieux et les criminels. Ce dernier sentiment
n'est pas non plus sans exemple. La vertu
possède, pour ceux qui ne la pratiquent pas
et qui ont l'esprit assez contemplatif pour
oublier un peu leurs habitudes, le piquant des
choses qui contrarient faiblement, mais indirectement, nos goûts et nos tendances. Des

---

1 *Villiers de l'Isle Adam*, par M. Henri Laujol. *Revue
Bleue*, 1889, tome II.

2 Flaubert. Lettres à George Sand.

scélérats pleureront de bon cœur au récit
d'une action louable, comme des gens honnê-
tes écouteront avec plaisir le récit d'un crime.
Des gens qui ont perdu — s'ils en ont
jamais eu — toute dignité et toute pudeur,
ont des accès de pudibonderie et de suscep-
tibilité. Pour continuer à prendre des exemples littéraires qui, s'ils ne nous offrent pas
des faits réels, n'en ont pas moins ici une
valeur égale en nous montrant comment les
choses sont comprises, c'est-à-dire comment
elles sont dans la réalité sociale, la Nana de
M. Zola a des velléités de vertu et des dégoûts
pour les femmes du monde qui se conduisent
mal, de même que la princesse Paule de
M. Péladan, une vierge, a la curiosité de
tous les vices.

§ 4

Ainsi un esprit contemplatif, large, curieux,
pénétrant, avec des tendances morales profondes, mais qui peuvent s'oublier en grande
partie pendant la recherche scientifique ou
la contemplation esthétique, avec aussi quelquefois une légère perversion naturelle ou

simplement une tendance marquée vers certains plaisirs, quels qu'ils soient, qui ne sont pas un mal par eux-mêmes et qui peuvent même être un bien, mais dont l'abus est un mal, telles sont les raisons d'être des sentiments qui nous occupent. L'idée du mal en flattant un goût trouve un point d'appui solide et il y a une raison de plus pour qu'elle soit agréable, en ce qu'elle satisfait idéalement un penchant que la raison empêche de satisfaire réellement jusqu'à satiété. Au reste il est bien sûr que les conditions de l'amour du mal ne se rencontrent pas et ne se rencontrèront pas les mêmes chez les différents individus. La proportion variera aussi, chez les uns tel caractère dominera, ce ne sera pas le même chez les autres. Il en résultera forcément des variations dans le sentiment éprouvé, et ces variations peuvent quelquefois être très importantes au moins au point de vue moral. De plus le sentiment principal pourra éveiller d'autres sentiments secondaires très différents selon les personnes. Une personne d'esprit très droit et sans perversité naturelle, si elle s'adonne à l'étude des caractères, je suppose, et si elle est entraînée à imaginer avec plaisir des meurtres moraux

et à s'y intéresser, pourra sans doute en
avoir quelque remords. Au contraire, si un
homme vertueux par raison, nécessité sociale, mais porté vers les plaisirs des sens,
est conduit à imaginer des perversités spéciales, l'attrait éprouvé sera probablement
d'autant plus vif que son penchant réprimé
sera plus fort, et les deux cas peuvent se
combiner, si la personne ignore son penchant
naturel. Au reste, il en est de ce sentiment
comme de tous les autres, qui varient selon
la personnalité ou les personnalités du sujet
qui les éprouve, et dont la signification change
selon les conditions qui les produisent, peut-
être plus encore que leur nature.

J'ai indiqué certaines conditions de la naissance de ce sentiment bizarre, raffiné et
complexe : l'amour du mal. Mais d'autres
seraient aussi favorables. Ce seraient, pour
n'en donner qu'un exemple, des dispositions
naturellement très perverses avec un esprit
synthétique, organisateur, et un petit reste de
bonnes tendances. Ce sentiment en ce cas
prend une forme un peu différente, il est plus
fort et moins subtil. Je me suis attaché surtout au premier cas, il est de beaucoup le plus
curieux, le plus délicat et le plus intéressant

pour notre recherche actuelle. Le second n'offre aucune difficulté. Il est tout à fait analogue à l'amour du bien chez l'homme naturellement bon.

Au point de vue de notre étude, ce qu'il faut surtout retenir, ce sont les deux groupes principaux de conditions générales : l'anarchie relative dans les croyances et les sentiments, et d'un autre côté la persistance faible ou la naissance de sentiments moraux et religieux ou philosophiques. Des instincts généraux d'ordre dans le monde et dans la société, une faiblesse, un relâchement de ces instincts qui permette de s'assimiler les idées et les désirs qui leur sont le plus opposés, en d'autres termes l'anarchie morale et aussi un besoin vague de mettre un terme à cette anarchie dans laquelle on se complait pour diverses raisons : goût de l'indépendance, satisfaction de désirs jadis étouffés, etc., voilà ce qui fait de l'amour du mal une sorte de point central pour notre étude, un signe indiquant le terme de l'anarchie et la formation de nouvelles idées directrices, et en même temps un symptôme de maladie morale et un signe précurseur de la guérison ou tout au moins d'une réaction favorable.

Signe de guérison à condition qu'il dispa-
raisse. Par lui-même, il n'a rien de sain, s'il
devait persister et se développer le goût de
la décadence ne peut conduire qu'à la mort
ou à un état de décomposition partielle peut-
être pire que la mort. Mais de même que
nous pouvons voir l'amour du mal se substituer à l'anarchie par le seul changement de
quelques-uns des faits qui constituaient ce
dernier état, à savoir par le réveil de faibles
désirs d'harmonie dans le monde cosmique et
social, par la renaissance partielle du besoin
de synthèse, de même nous allons voir un
nouveau mysticisme succéder à l'amour du
mal par le développement de ces derniers
éléments et par la modification de quelques
autres, par le retour à la pitié, à l'humanité,
par l'élargissement des idées, par l'ampleur
nouvelle des émotions. Ainsi de la dispersion, de l'émiettement des anciennes formes
intellectuelles et morales, nous passons à
une sorte d'amour mystique pour des formes
opposées qui est lui-même ou qui peut
être une forme générale de l'intelligence
et du sentiment, et de ce nouvel état à un
autre où se conserve et se développe cet
amour mystique, mais où il s'applique à tout

autre chose, aux anciennes formes élargies, à de nouvelles qui apparaissent et évoluent, et chaque état garde quelque chose de celui qui le précède, tous sont des ensembles qui, comme les états d'esprit qui se succèdent chez un même individu, groupent différemment des éléments en partie identiques ou conservant certaines formes, les remplissent d'éléments différents qu'elles maintiennent et dont elles règlent l'activité.

Je ne voudrais pas, quoi qu'il en soit, paraître exagérer le rôle de l'amour du mal, il est moins général à mes yeux que l'état qui l'a précédé et que celui qui l'a suivi. Il marque une transition, une synthèse passagère qui ne s'est pas produite partout et qui n'a rien d'absolument nécessaire. On a pu passer, sans le traverser, de l'anarchie au mysticisme. Ce qui fait son intérêt et à quelques égards son importance, c'est la force avec laquelle il exprime et réunit deux états·différents et même opposés et par laquelle il nous permet, semble-t-il, de mieux comprendre l'un et l'autre. Au reste, pour ne pas se manifester partout sous une forme nette et développée, il n'en a pas moins eu, au fond, plus de généralité qu'on ne serait sans doute porté à le croire.

CHAPITRE III

L'Esprit nouveau

Nous arrivons maintenant au mouvement actuel. Comme je l'ai déjà dit et comme on pourra souvent le remarquer, il a ses racines dans le passé, l'ordre que j'ai suivi n'est pas, au point de vue chronologique absolument rigoureux, tout au moins ne l'est-il que si l'on considère l'ensemble des événements, et la propagation des courants d'idées et de désirs plus que leur origine, mais c'est d'ailleurs ceci surtout qui importe. Les esprits initiateurs se manifestent toujours, mais ils ne sont suivis, c'est-à-dire, ils n'existent réellement en quelque sorte que lorsqu'ils trouvent un milieu favorable à leurs idées, ou tel du moins que ces idées puissent elles-mêmes se le rendre favorable, car la graine semée, dans le monde social, fait à quelque degré le terrain qui la développera. A ce point de vue, le nouveau mysti-

cisme vient après l'anarchie intellectuelle,
après l'amour du mal, l'ordre historique et
l'ordre logique sont d'accord. Voyons les uns
après les autres, les différents ordres de
faits où un nouvel esprit parait se manifester,
d'où s'en dégageront au moins certains éléments.

§ 1

Un travail scientifique a souvent pour effet
une série de faits sociaux, de croyances, de
désirs et d'actes, qui, sans aller toujours
directement contre le sentiment qui les a pro-
voqués, s'inspirent d'une idée complètement
différente et prennent une direction diver-
gente et même opposée. Nous avons déjà
remarqué le désaccord entre les vues de
Darwin sur la sélection naturelle et la philosophie de la lutte pour l'existence telle qu'elle
s'est vulgarisée, les idées et les sentiments
qui en sont sortis. D'autres faits sociaux de
même genre indiquent des tendances générales tout à fait différentes.

Il y a dix ans, M. Charcot, expérimentant
sur les malades de la Salpêtrière, reproduisit

un certain nombre de phénomènes dont
l'existence était jusque-là contestée et négligée par la plupart des savants et que seuls
des magnétiseurs de profession, des amateurs relativement rares et isolés et quelques
médecins, sans doute utiles mais peu remar-
qués, se permettaient de produire. Plusieurs
courants d'idées prirent naissance et se ré-
pandirent aussitôt. Les esprits sages se
tinrent sur la réserve, observant sans conclure, attendant pour tirer des conséquences
que les faits fussent mieux connus, plus
variés, plus précis, espérant cependant des
résultats de ce nouveau mode d'investigation
psychique, ou de cette thérapeutique nouvelle ; quelques autres eurent cette idée im-
prévue que les magnétiseurs étaient à présent complètement démasqués et que l'on ne
parlerait plus de leurs jongleries ; les anciens
adeptes haussèrent un peu les épaules, mais
l'hypnotisme entra définitivement dans la
science et un grand nombre d'incrédules
furent convaincus. Ceux qui jusque-là avaient
observé des phénomènes sans rien dire, dou-
tant peut-être d'eux-mêmes et sûrement des
autres, publièrent leurs observations ; ceux
qui avaient déjà parlé ou écrit bien ou mal sur

la question recommencèrent et trouvèrent
des auditeurs et des lecteurs. Le magnétisme
fut en vogue, les écoles se multiplièrent ; les
faits ont abondé, plus ou moins singuliers,
plus ou moins suggestifs, plus ou moins bien
observés, les théories, plus rares, ne man-
quèrent pas cependant ; l'application de l'hypnotisme à la médecine fut fréquente, avec des
résultats variables ; son application à la
psychologie, fréquente aussi, a rendu à la
science des services incontestables. On peut
trouver que la pratique de l'hypnotisme s'est
trop vulgarisée ; il est question de la régu-
lariser et de la restreindre ; il y a eu, il y a
encore un engouement véritable qui passera
sans doute ou qui diminuera, mais qui lais-
sera des traces importantes. Les travaux de
M. Charcot paraissent en avoir été l'origine,
non que les phénomènes hypnotiques fussent
inconnus avant lui,[1] mais il les a fait entrer
officiellement dans la science, et le mouvement provoqué par lui a contribué à faire

---

1. Parmi les hommes qui, en France, ont essayé de
donner rang dans la science à l'hypnotisme, il faut citer
M. Durand de Gros, (J.-B. Philips). Il a été à bien des
égards un précurseur auquel on n'a pas rendu justice. Ses
vues sur la biologie générale méritent l'attention et il a
publié, il y a plus de vingt-cinq ans, une brochure où il

connaître ses devanciers, et aussi ses adversaires, et même à produire la doctrine de ces
derniers.

Sans doute cette vogue du magnétisme ne
va pas directement contre l'ensemble d'idées
dominantes dont je parlais tout à l'heure ;
cependant ce serait se tromper que de ne voir
aucun rapport entre les deux. Quelle que soit
la valeur de l'hypnotisme, et bien que la science
l'ait admis, cependant une partie des tendances qui l'ont remis en faveur sont des
tendances opposées à ce qu'on a appelé
« l'esprit scientifique ». Ce n'est pas simplement l'amour du fait positif qui a entraîné les
esprits, il y a eu certainement une sorte de
revanche de l'amour du merveilleux, de désirs autrefois satisfaits et qui, comprimés à
présent, sommeillaient inavoués à l'état latent. La magie, la sorcellerie, l'astrologie, la
divination, toutes ces antiques croyances
correspondent à un besoin de la nature
humaine, celui de pouvoir agir facilement sur
le monde extérieur et sur le monde social,

insiste sur l'alliance de l'esprit scientifique et de l'esprit
religieux, et qui en désaccord avec l'esprit de l'époque, est
au contraire en harmonie avec celui que nous voyons aujourd'hui prendre naissance et se développer.

celui d'avoir, par des moyens relativement aisés, les connaissances requises pour que cette action soit possible et féconde. L'homme a tant de désirs qui ne se satisfont pas et qu'il est obligé d'apaiser par des rêves, des romans, de la musique, toutes les ressources de l'imagination ! Il a souvent besoin d'une croyance qui le console de la réalité en lui promettant une réalité meilleure, obtenue sans souffrance et rapidement ; c'est une des grandes sources de l'amour du merveilleux sous toutes ses formes. Il y a là à la fois un besoin philosophique et un besoin moral, le besoin de connaître les forces naturelles, d'agir sur elles pour satisfaire nos désirs, c'est-à-dire pour mettre le monde en harmonie avec nos tendances et, comme nos tendances aussi font partie du monde, pour introduire l'harmonie dans le monde, en un langage mystique le besoin d'être en communion avec le principe des choses, puisque c'est avec lui ou par lui que nous pouvons agir. Sans doute l'hypnotisme ne paraissait pas devoir donner immédiatement tout ce qu'on aurait aimé trouver en lui ; mais les faits que les savants observaient à présent et faisaient connaître, ressemblaient étrangement à ces phénomènes mystérieux attribués aux fondateurs de religions, aux saints, aux thaumaturges, aux sorciers ; par une association d'idées bien naturelle, il devenait une sorte de succédané des croyances éteintes ou assoupies. Une porte paraissait ouverte sur le domaine de la science et du pouvoir : on s'y précipita.

Ce désir de l'harmonie dans le monde, d'une harmonie non seulement philosophique, mais pratique et morale, nous le constaterons souvent, il se manifeste à présent en réaction contre l'individualisme et la dispersion des intérêts et des croyances qui dominaient assez récemment. Sans doute il est tout naturel que l'hypnotisme dans ses formes les plus connues ait été appliqué à la guérison des malades, la solidarité humaine a malgré tout été toujours suffisante pour produire de pareils faits, mais on a témoigné déjà plus de hardiesse et beaucoup de confiance dans la nouvelle science en s'en servant pour la correction des enfants vicieux. De plus, autour de l'hypnotisme, d'autres catégories de faits plus ou moins étroitement reliés à lui commencent à se dessiner et ce sont elles surtout qui alimentent notre besoin de merveilleux ;

la vision à distance, la suggestion mentale, les hallucinations véridiques, les songes prophétiques, etc. Tous ces phénomènes dont un certain nombre paraissent sinon prouvés au moins rendus probables par les dernières recherches faites en France et en Angleterre, semblent devoir, dans l'esprit des personnes qui s'en occupent, ou du moins de plusieurs d'entre elles, établir des communications harmoniques entre les hommes que l'espace sépare, entre les hommes et le monde extérieur, et même entre le monde des vivants et le monde improbable ou problématique des morts.

Si nous avançons un peu plus dans le domaine encore inconnu que la science entrevoit, nous trouvons le spiritisme dont la prétention avouée est de nous mettre en rapport avec les esprits des morts. J'en dirai quelques mots ici. On n'en parle plus guère, ou on n'en parle guère encore dans le monde scientifique ; mais à le prendre seulement par son côté psychologique et social, il offre plus d'intérêt et peut avoir plus d'importance qu'on ne paraît disposé à le croire. Déjà d'ailleurs des savants connus ont commencé à s'en occuper; il me suffira de citer ici, pour

la France, les noms de M. Ch. Richet et de
rappeler ses travaux sur les mouvements
inconscients et la suggestion mentale. Aux
causes invoquées par M. Chevreul, M. Richet
a été déjà conduit à ajouter au moins comme
probable l'influence de la suggestion mentale. Peut-être faudra-t-il aller plus loin ;
certains phénomènes spirites, comme une
partie de ceux qu'a exposés M. Crookes, sem-
bleraient impliquer une action de l'esprit, ou
si l'on préfère du système nerveux qui
s'exercerait sur la matière dans des conditions bien différentes de notre activité ordinaire. Les spirites vont plus loin encore :
mais rien ne nous oblige à les suivre. [1] Quoi
qu'il en soit, il faut savoir gré aux savants
qui tâchent d'appliquer à ces phénomènes
obscurs des méthodes précises ; je sais bien
que la science ne paraît pas pouvoir rendre
compte encore de tous les phénomènes
observés, que la question n'est peut-être pas
tout à fait mûre ; mais des recherches con-

I L'hypothèse de la réalité des esprits est une des plus
invraisemblables qu'on ait données pour expliquer les phénomènes spirites. Pour certaines catégories de phénomènes,
les belles expériences de M. Pierre Janet ont montré que
le dédoublement de l'esprit du médium était la seule cause
réelle.

duites à la fois avec hardiesse et prudence
seraient un bon moyen d'en hâter la mâtu-
rité. Cependant, les doctrines du spiritisme
ont un assez grand nombre d'adeptes réunis
en groupes et pour qui leur doctrine est une
véritable religion. Cette religion nous intéresse ici en ce qu'elle se fait accepter assez
souvent par des personnes qui ont aban-
donné toutes les autres.

J'ai été amené, par le désir d'observer des
phénomènes qui m'intéressaient, à entrer en
relation avec quelques adeptes du spiritisme.
Les faits que j'ai pu constater n'offrent pas
une grande importance au point de vue scientifique ; ils me paraissent plus intéressants au
point de vue social et psychologique. Les spirites que j'ai connus directement ou indirectement, employés, petits propriétaires, n'ont mis
d'ailleurs aucun empressement à me faire
assister à leurs expériences. Pour eux la partie
pratique du spiritisme n'est pas la plus importante au point de vue de l'acquisition de leurs
croyances ; il faut croire d'abord à la doctrine : l'un d'eux me disait avoir cru immédiatement en lisant les œuvres d'Allan
Kardec, il avait senti que cette doctrine était
la vraie. Ces croyants pour qui le spiritisme

est une foi sont peu disposés à se prêter à
des expériences scientifiques. Au point de
vue philosophique, le spiritisme est sans
grande valeur : la doctrine d'Allan Kardec
est assez puérile et prétentieuse, elle aurait
besoin d'être sérieusement revue par un
spirite au courant de la philosophie contemporaine et des dernières recherches psychologiques. Mais si le spiritisme répond peu
au besoin de connaissances générales sur le
monde et sur l'homme, s'il satisfait, en la
trompant je pense, la faim de science des
personnes croyantes qui interrogent les
tables tournantes sur les mystères de la vie
future et de la création, il me parait répondre
bien mieux aux besoins affectifs de la nature
humaine. Il a cet avantage sur la plupart
des religions de ne pas séparer les vivants et
les morts ; par ses procédés un père entre
en communication avec ses enfants morts,
un amant avec sa fiancée. Il ne faut pas
s'étonner que les croyants au spiritisme
soient assez souvent d'anciens libres penseurs ; les autres éprouvent moins le besoin
de cette nouvelle religion. A l'heure qu'il est,
pour les croyants des anciens cultes, le spiritisme est une erreur puérile ou dangereuse,

car l'esprit du mal est peut-être mêlé à ses pratiques ; pour les libres penseurs qui restent incrédules, il est ridicule. J'avoue qu'il me parait à peu près aussi respectable et aussi vrai que d'autres croyances religieuses, à peine plus dangereux que beaucoup d'entre elles, moins dangereux que quelques-unes peut-être pour la santé du système nerveux. Il sert comme elles à donner un appui à ceux qui le désirent, il offre une doctrine assez simple au fond dans ses traits généraux à ceux que leurs anciennes croyances ont abandonnés, et établit entre le monde et l'homme une harmonie, factice et trompeuse à mon avis, mais qui satisfait et console ceux qui ont la foi. Si je ne puis penser, comme le ferait presque une certaine école, qu'il est provisoirement et localement vrai, rien ne m'empêche d'admettre qu'il soit provisoirement et localement utile, qu'il remplisse dans ces conditions un office élevé, et par suite qu'il ait, au moins provisoirement, droit à quelque respect de notre part.

A côté du spiritisme, les sciences occultes, la magie, l'astrologie, les doctrines des anciens sages de la Chaldée, de l'Egypte et de la Perse, offrent une sorte de renouveau.

La théosophie, les doctrines hindoues reprennent faveur et viennent conquérir l'Occident.
Des sociétés se forment, des publications se
fondent, meurent et renaissent pour propager
la science, pour multiplier ou susciter les
adeptes et les initiés. Ici encore se montre
bien le double aspect théorique et pratique
de la recherche de l'harmonie dans les
aspirations nouvelles. M. Héricourt signalait récemment, à propos des travaux de
M. Charles Henry, sous le fatras des sciences occultes, la vision de l'importance des
nombres et de leurs rapports pour l'explication du monde. En effet, ramener le monde à
des lois générales est un des buts des sciences
occultes, mais ce n'est pas le seul. Une fois
connues les causes des phénomènes, il faut
se servir de ces découvertes pour agir sur le
monde. La magie n'est pas autre chose que la
science qui permet la mise en activité par
l'initié de l'agent universel et des différentes
forces invisibles, émanées de l'âme humaine,
pour obtenir certains résultats pratiques.
Notons encore que l'établissement d'une fra-
ternité universelle est un des buts de la
société théosophique. Sur plusieurs points la
théosophie et le spiritisme se rencontrent,

mais c'est souvent pour se combattre. Si les spirites ont attaqué les théosophes, ceux-ci ne voient guère dans le spiritisme qu'une forme incomplète et inférieure des connaissances occultes : l'initié est bien supérieur au médium, le médium subit la force, l'initié la dirige, le médium est passif, l'initié est actif ; l'un et l'autre, chacun à sa manière, cherchant à augmenter notre science et à perfectionner l'univers. Il faut avouer aussi que la théosophie, malgré ses défauts, le vague de sa doctrine, et surtout le manque de certitude scientifique de ces phénomènes, paraît, au point de vue philosophique, supérieure au spiritisme.

Remarquons bien que, s'il se mêle à ces croyances la foi, l'enthousiasme, le mysticisme enfin, qui accompagnent rarement les convictions purement scientifiques, la théosophie et le spiritisme n'en ont pas moins la prétention d'être des sciences, des sciences longues et difficiles. J'ai parlé tout à l'heure de moyens faciles de connaitre le monde et d'agir sur lui : il faut prendre ces mots dans un sens relatif. Un homme qui dans le cours de sa vie peut parvenir à l'adeptat, acquiert ainsi une puissance que des siècles d'études physiques et chimiques ne donneraient pas à l'hu-

manité ; mais cet homme doit suivre un enseignement pénible et long et, on ne nous le
cache pas et même on nous le dit volontiers,
cet homme risque la folie et la mort si ses
facultés ne sont pas en rapport avec son ambition. Le besoin de connaissances précises, de
recherches minutieuses s'allie donc au désir
de connaissances générales, de connaissances du mystérieux, et d'une puissance, non
pas de faire des miracles (le miracle, s'il est
admis par quelques théosophes, ne l'est pas
par tous, il s'en faut), mais d'agir sur le monde
par des procédés plus efficaces, plus prompts
que ceux de la pratique courante, et entière-
ment différents de ceux-ci.

§ 2.

La philosophie n'a pas les mêmes prétentions que la théosophie. Cependant nous pouvons bien constater chez elle quelques tendances qui s'accordent avec celles que nous
venons de reconnaitre. Le but avoué de la
philosophie étant d'ailleurs l'unification des
connaissances, la systématisation de la pratique, il n'est pas étonnant que l'on ait tou-

jours rencontré chez elle un des caractères
généraux de l'esprit nouveau ; mais ce qui
nous intéresserait surtout, ce serait un retour
de la philosophie vers un certain mysticisme,
vers des succédanés de la religion, ou même
vers des religions véritables ; les exemples
n'en ont pas manqué dans le courant du siècle, ils peuvent nous servir à la fois à indiquer la persistance et la force des tendances
comprimées qui se réveillent aujourd'hui et
aussi la différence entre ce qu'étaient ces
tendances et ce qu'elles sont devenues. Un
fait intéressant à cet égard est la tentative
d'Auguste Comte aboutissant à la religion de
l'humanité et à la méthode subjective. Ici
l'essai de systématisation théorique et pratique est reconnue par son auteur, la méthode
subjective ayant pour but avoué de ranger
toutes nos connaissances dans l'ordre qui
permettra à l'humanité d'en tirer parti, de
déterminer quelles sont les connaissances
qui peuvent entrer dans cet ordre et même de
faire admettre des croyances, des façons de
se représenter les choses qui n'ont rien de
bien scientifique, mais qui répondent à nos
besoins. Je ne pense pas au reste que le positivisme religieux qui mérite plus de considé-

ration qu'on ne lui en accorde depuis Littré
et Stuart Mill, recrute des prosélytes bien
nombreux, mais il continue à vivre, et en
somme il a eu moins d'éclat, mais plus de
durée que l'école purement scientifique rendue un moment populaire par les travaux de
Littré. Actuellement ni l'une ni l'autre doctrine ne paraissent de nature à nous satisfaire. Le positivisme scientifique nous parait
à la fois trop peu scientifique, trop peu prouvé
dans plusieurs de ses conclusions, trop arrêté,
trop précis aussi. Le positivisme religieux a
des défauts analogues, ce qui n'est pas sur-
prenant ; c'étaient les défauts de l'esprit
d'Auguste Comte. Ce grand organisateur faisait des cadres trop rigides, trop nombreux,
trop étroits, pour contenir tout ce que l'homme
peut sentir ou connaitre. Mais si ni l'une ni
l'autre des formes que sa doctrine a prises ne
parait devoir définitivement triompher, l'une
et l'autre laisseront des traces fécondes. A
bien des égards Comte est un précurseur dont
le tort a été de vouloir faire du définitif.

Le succès de la théorie de l'évolution donne
lieu à des considérations analogues, ainsi
que son déclin. La philosophie de M. Herbert
Spencer est très connue chez nous et très

appréciée. Peut-être est-elle un peu moins en faveur depuis quelque temps. Ce qui l'a fait triompher, c'est sans doute les qualités du philosophe anglais, la puissance de la généralisation, l'ampleur des vues, l'étendue des connaissances, l'ingéniosité des détails, c'était aussi la simplicité de la formule à laquelle le monde entier se laissait ramener, un peu péniblement parfois. Du reste, il ne faut pas s'imaginer que le succès de la philosophie évolutionniste fut absolument le triomphe de l'esprit scientifique. Sans doute on était charmé d'avoir un système du monde qui prétendit ne s'appuyer que sur l'expérience et le raisonnement scientifique, mais on était charmé surtout d'avoir un système du monde et comme il ne péchait pas par où péchaient les croyances religieuses que l'on venait de rejeter ou qui étaient au moins bien ébranlées, on l'acceptait malgré ses imperfections, malgré les nombreuses hypothèses qu'il nécessitait, malgré le manque de rigueur et de précision de certaines de ses parties, on l'acceptait parce qu'il venait remplir une place vide, qui ne pouvait rester vide. Malheureusement, sur un point, le système a failli ; il suffisait tant bien que

mal à la théorie, il n'a pu suffire à la pratique ; il avait systématisé nos connaissances,
on pouvait du moins l'admettre à la rigueur,
mais il n'a pas offert assez de prise au besoin,
exagéré d'ailleurs chez l'homme, de se sou-
mettre l'univers ou tout au moins d'y trouver
soit des instruments de domination, soit une
collaboration consciente ou inconsciente.
L'homme était trop perdu dans un univers
mécanique avec lequel il ne pouvait guère
sympathiser. Peut-être l'idée qu'elles étaient
en harmonie avec la loi générale de l'évolution
et qu'elles contribuaient pour leur part à en
rendre les manifestations régulières, a-t-elle
suffi à quelques personnes. Il est des esprits
qui se plaisent assez à la contemplation dé-
sintéressée des lois abstraites pour ne pas,
au moins de quelque temps, désirer autre
chose, et pour en tirer des impressions très
vives. On se rappelle la belle page, pleine
d'une sorte d'admiration respectueuse con-
sacrée par M. Taine à « l'axiome éternel ».
C'est toujours avec une certaine émotion
qu'on entre dans les secrets de l'univers,
la lecture de Spencer, à ce point de vue, est
attirante et j'imagine que plusieurs ont res-
senti, comme moi, une forte et presque reli-

gieuse émotion, en lisant à vingt ans, pour la
première fois, les *Premiers Principes*. Mais
ces émotions sont rares, ne pouvant s'éveiller chez tous ; elles sont aussi peu durables
et ici nous touchons aux deux grands défauts
théoriques du système : un manque de certitude, une trop grande clarté. L'impression
première ne peut durer : on a cru que l'on
allait trouver le secret des choses, on a vu
surtout la forme d'un esprit, qui, si grand
qu'il soit, ne contient pas le monde, on aperçoit les côtés faibles des théories, les erreurs
du système ; à moins d'être aveuglé par la
foi, on reste un admirateur sans être un disciple, et ce que l'on garde de la doctrine est
bien peu en comparaison de ce qu'on exigeait
d'elle. D'un autre côté une formule, même la
formule de l'évolution, est bien faible pour
exprimer l'univers entier, et bien précise
pour donner une idée de ce que nous en connaissons et surtout de ce que nous n'en connaissons pas. Comme nous sentons en nous
des désirs inassouvis, des forces inemployées,
nous en concluons volontiers, quoique impru-
demment, qu'il y a dans l'univers quelque
chose qui doit satisfaire ces désirs, qui doit
dégager ces forces, et ce quelque chose nous

reste caché. Tout au moins nous nous sentons
environnés d'un inconnu immense où nous
demandons au moins qu'on nous réserve un
accès. L'évolutionnisme comme le positivisme a fermé le passage. Littré a parlé élo-
quemment de l' « Océan pour lequel nous
n'avons ni barque ni voile », et Spencer a fait
sa théorie de l'Inconnaissable par laquelle en
somme il nous déclare incapables de rien savoir de ce qui n'entre pas dans sa formule
philosophique. Il y a maintenant une forte
tendance à réagir contre cet agnoticisme, et
parmi ceux qui l'ont attaqué avec le plus de
vivacité, et, à mon sens, avec le plus de justesse, je citerai M. de Roberty. En somme
le problème de l'Inconnaissable est un problème mal posé, comme la plupart des problèmes que l'on voudra résoudre avant le
temps. Une doctrine philosophique si large
qu'on veuille la faire, sera certainement trop
étroite un jour pour peu qu'on veuille la préciser et surtout la fermer ; la prétention de
déterminer l'Inconnaissable n'est pas moins
grande ni plus justifiée que celle d'embrasser
dans une vaste synthèse tout ce qui peut être
connu. Pour toutes ces raisons l'évolutionnisme devait, tout en laissant de grandes

idées, se montrer impuissant à suffire à la
direction des esprits. Si le succès des *Premiers Principes* et des *Principes de Psychologie*
ne s'est pas étendu complètement aux *Principes de sociologie* et à la partie parue de la
Morale, c'est aux défauts pratiques du système
qu'il faut l'attribuer sans doute, mais aussi à
son insuffisance théorique.

A côté de l'évolutionnisme et du positivisme, contre eux, une autre doctrine s'est
élevée, le néo-criticisme ; elle aussi a eu son
influence, elle la conserve enco en grande
partie, je pense, bien que la Revue qui la présentait au public ait cessé de paraître. Une
part de son succès revient sans nul doute à
la vigueur d'esprit, à la force d'analyse et de
raisonnement de M. Renouvier, au talent d'exposition, à la rectitude de M. Pillon ; une part
importante est due aussi à ce qu'elle a
essayé de réaliser la synthèse de l'homme et
du monde en donnant à l'homme le rôle prépondérant. Pour elle tout se ramène à l'esprit,
l'esprit impose ses lois au monde ; par la
théorie de la croyance libre comme par celle
de la volonté libre, on peut presque dire que
l'esprit fait le monde, il le crée en quelque
sorte en croyant et en agissant. Si, en com-

battant le culte exclusif de la science mal comprise d'après eux, les criticistes allaient contre un courant puissant, ils s'aidaient des forces de réaction dont nous avons signalé la nature et par l'importance donnée à la morale, par la lutte qu'ils entreprenaient d'un autre côté contre le catholicisme, par leurs doctrines politiques, ils répondaient à des besoins intellectuels ou affectifs très divers plus ou moins sentis, plus ou moins intenses, mais réels et puissants, et, si sur quelques points ils étaient en opposition avec les tendances dominantes, par beaucoup d'autres ils étaient pleinement d'accord avec elles. Une de leurs erreurs a peut-être été de s'allier trop étroitement, à un moment donné avec une religion positive, un certain excès d'individualisme a pu nuire aussi au développement de la théorie, mais une des faiblesses de la doctrine, c'est certainement la difficulté de soutenir et de faire vivre la théorie du libre arbitre et surtout les conséquences qu'on a cru pouvoir en tirer et qu'il est encore plus malaisé de répandre dans la foule que de défendre devant les philosophes.

Il faut citer encore, comme témoignant de tendances intellectuelles bien vivantes, les

travaux de M. Fouillée et de M. Guyau.
M. Fouillée a critiqué avec sévérité, et souvent
avec justice, les principaux systèmes de
morale, il a essayé de réunir l'idéalisme et le
naturalisme, le déterminisme et la liberté, et
par sa philosophie des idées-forces, de nous
rendre la théorie de l'évolution plus sympathique, si je puis dire, en rapprochant la
nature de l'esprit. Guyau avait cherché des
équivalents destinés à remplacer d'antiques
erreurs tout en tenant compte des besoins
qu'elles avaient satisfaits, et sans doute déve-
loppés ou créés quelquefois. Il a cherché
ainsi à suppléer aux croyances qu'il rejetait,
sur l'obligation morale, sur la sanction, puis
à la religion elle-même, dans un beau livre
qui mérite de rester comme le témoignage des
doutes, des négations et des croyances, des
aspirations d'un esprit supérieur en qui ont
pris conscience bien des tendances contemporaines. Guyau réunissait en effet quelques-
uns des plus beaux et des meilleurs côtés du
mouvement intellectuel le plus récent, il savait
la valeur de l'esprit scientifique et que tout ce
qu'on essaiera dorénavant de fonder sans lui
sera caduc, il savait aussi que la science ne
sait pas tout et qu'il faut à la fois respecter les

anciens abris qui tiennent encore, et en construire à la hâte de nouveaux, pas aussi solides qu'on le voudrait pour ceux dont les
anciennes croyances se sont écroulées ; par-
dessus tout on remarquait dans ses écrits cette
générosité de sentiments, cette chaleur de
cœur, ce besoin d'union et d'harmonie qui lui
ont fait de beaucoup de ses lecteurs autant
d'amis inconnus. Son irréligion était plus religieuse en un sens que la plupart des doctrines
qu'il combattait. Son œuvre reste inachevée,
et sa mort est un grand dommage, il était
je crois, dans la bonne voie. L'association,
Guyau y voyait, à juste titre, la raison d'être
des religions ; c'est à elle aussi qu'il s'adressait pour les remplacer. Mais où trouver un
lien d'association capable de tenir la place des
vieilles croyances humaines, répandues dans
chacune des âmes qui composent notre société
les formant et les animant comme le sang, —
un sang parfois usé, pauvre, ou malsain —
apporté à chacune des cellules de notre corps
leur donne la vie et l'activité ?

§ 3.

La littérature, plus encore que la philosophie, permet sans doute de voir avec précision un ensemble de désirs et d'idées qui
commence à se dégager. Avant de produire
des théories ou de servir à en faire naître, les
sentiments se manifestent d'une autre manière par le succès d'un livre, par l'apparition
d'un roman, d'un article, d'une pièce de
théâtre, où un écrivain a condensé le résultat
de ses observations, de ses réflexions, de ses
impressions inconscientes. Nous avons eu
depuis quelques années plusieurs faits importants dans cet ordre d'idées.

Le premier ou l'un des premiers a été le
succès du roman russe, la célébrité subite-
ment acquise aux noms de Tolstoï et de Dostoiewski assez inconnus encore parmi nous.
On en avait déjà parlé ; j'ai retrouvé depuis, en
parcourant d'anciennes revues, des articles
sur eux qui ont, à l'époque où ils parurent,
passé à peu près inaperçus. Le succès éclata
après les articles de M. de Vogüé dans la
Revue des Deux Mondes. Les romanciers russes
avaient trouvé l'introducteur qu'il leur fallait,

un écrivain éloquent et profond, et un représentant éminent de l'esprit nouveau, comprenant le positivisme de la science et épris du mysticisme de la foi, naturaliste et idéaliste par ses goûts littéraires. Les lecteurs français lurent les ouvrages qu'on leur recommandait si bien; après avoir lu, ils relurent et firent lire autour d'eux, ils avaient trouvé dans les auteurs russes les qualités de précision, d'analyse psychologique, de réalisme, qu'ils aimaient dans leurs contemporains, et en même temps, quelque chose d'étrange, de mystérieux, de raffiné et de primitif à la fois, qui les charmait par sa nouveauté et sa saveur exotique, accessible pourtant à nos sens, assez exercés à apprécier le rare et le nouveau. Par-dessus tout peut-être, en mettant à part le grand talent, le génie si l'on veut de Dostoiewski et de Tolstoï, furent-ils séduits par l'allure philosophique et générale de l'inspiration et plus encore par cette sorte de mysticisme surhumain ou humain dont sont imbues les principales œuvres des deux romanciers, par cette religion de la douleur de l'homme si profondément exprimée par eux. Le mot de Raskolnikoff à Sonia : « Ce n'est pas devant toi que je me prosterne, c'est

devant toute la souffrance de l'humanité »,
ce mot qui nous transportait si loin du naturalisme pessimiste, misanthropique avec
Flaubert, brutal et puissant avec M. Zola,
inepte avec d'autres, répondait à des désirs
latents, à un sentiment de solidarité assez
longtemps mal satisfait et dont nous trouverons ailleurs des manifestations.

Il est assez curieux de comparer l'accueil
fait aux romans russes et l'accueil fait à ce
que l'on a appelé le naturalisme anglais.
George Elliot est, elle aussi, un grand roman-
cier, ses œuvres ont été beaucoup lues en
France ; toutefois, elles n'ont pas donné lieu
à un mouvement intellectuel marqué, brusque
et fort comme celui qui a accompagné le
succès des romanciers russes. C'est avec
raison, toutefois, que M. Brunetière a réclamé
pour elle une partie de l'admiration émue
qui, à un certain moment, allait surtout à ces
derniers ; il faisait remarquer justement le
caractère de sympathie dont est empreint le
roman anglais et le mettait en opposition
avec le naturalisme français. Mais des raisons sérieuses semblent expliquer et justifier
dans une large mesure la préférence accordée
aux Russes. Pour écarter les considérations

secondaires, la sympathie, le sentiment de solidarité, l'humanité, paraissent s'appuyer chez eux sur des raisons plus philosophiques, plus religieuses, plus profondes et surtout peut-être senties avec plus de force, ou exprimées avec un sentiment plus douloureux, et qui, par cela même, devait paraitre plus puissant.

Plusieurs œuvres de genres très divers, et de tendances différentes sont aussi des « signes du temps ». Tels sont les écrits de Villiers de l'Isle-Adam, *Axel*, *l'Eve future*, œuvres d'un talent étrange où se mêlent comme dans Edgard Poë, très estimé d'ailleurs aujourd'hui, une sorte de mysticisme un peu indécis et une précision scientifique très voulue et parfois inquiétante avec un penchant vers l'occultisme ; tels sont encore les romans de M. Joséphin Péladan qui analyse, dans un style souvent magnifique, avec une grande abondance d'idées, les mœurs de ce qu'il appelle la décadence latine, et se réclame à la fois du catholicisme et des sciences occultes ; les œuvres de M. Edouard Rod, principalement *le Sens de la vie*, et enfin un roman dont le succès a retenti jusqu'à l'Académie des sciences morales et politiques, *le*

Disciple de M. Paul Bourget. L'auteur avait commencé aussi par étudier la décadence en psychologue, mais surtout en littérateur. Après s'être intéressé aux idées dominantes, il a voulu réagir contre elles. On sait le sujet de son livre : il s'agit de l'influence du système philosophique sur la direction de la vie, d'un vieux philosophe, brave homme indifférent à tout ce qui n'est pas sa science, dont l'élève commet, conformément aux conséquences qu'il tire des enseignements de son maître, une mauvaise action, que, malheusement, il aurait pu tout aussi bien commettre, étant donnée la nature que l'auteur lui donne, s'il n'avait jamais entendu parler d'Adrien Sixte. L'idée de la responsabilité des philosophes, à l'égard des conséquences de leur doctrine, exposée ou plutôt suggérée avec un talent fin et pénétrant, fut aussitôt mise en discussion un peu partout. Sans vouloir étudier ici le fond de la question, je dirai que je ne vois pas bien pourquoi un philosophe ne serait pas responsable des conséquences *logiques* de ses opinions. Ne lui en rapporterons-nous pas l'honneur si elles sont bonnes ? Pourquoi donc ne l'en blâmerions-nous pas si elles sont mauvaises ? C'est à lui à voir avant

d'émettre une idée, — et à ceux qui la vulga-
risent avant de la répandre dans tel ou tel
milieu, — s'il veut accepter les conséquences
de sa théorie, quelles qu'elles soient, et, s'il
est pessimiste convaincu, il pourra se faire un
mérite d'amener des catastrophes. Mais ce
que nous retiendrons surtout, c'est que le
problème qui s'est posé intéresse au plus
haut point notre sentiment de solidarité humaine : il s'agit de déterminer si le philosophe, et nous pourrions dire aussi bien l'artiste
ou le littérateur, fait partie d'un ensemble
auquel il doit avoir égard, ou bien s'il a en lui-
même et en lui seul, ou dans quelques-uns
seulement de ses semblables, sa raison d'être.
Que le problème se pose en dehors de toute
considération religieuse ou morale, mais pour
ainsi dire au point de vue de l'humanité en
général et abstraitement considérée, que le
livre où il a été étudié ait eu un vif succès et
provoqué de longues, nombreuses et vives discussions, qu'il ait été mis en avant par un
auteur qui avait paru bien disposé pour des
idées opposées à celles qu'il semble vouloir
faire triompher dans son dernier ouvrage,
c'est un symptôme sérieux du réveil d'un sentiment un peu assoupi et d'idées longtemps

combattues. On veut pouvoir trouver un prix et un sens à la vie, c'est ce qui ressort de tout ce qui précède ; le danger est de s'illusionner sur la vraie nature du mal et sur celle du remède ; il est regrettable que M. Bourget ait ici prêté le flanc à la critique, on peut trouver que les doctrines responsables ne sont pas celles qu'il croit, et des écoles philosophiques contemporaines, auxquelles il semble faire allusion, sont fondées à ne pas reconnaitre les principes qu'il leur attribue et à renier les conséquences qu'il tire de ces principes.

Il faut citer encore la pièce de M. Daudet sur *la Lutte pour la vie* à laquelle j'ai plus haut fait allusion. Elle n'a ni pour intention ni pour effet de faire aimer cette conception vulgaire de concurrence vitale que l'on a cru pouvoir tirer des doctrines de Darwin. M. Daudet a même confié au public qu'il aurait tué lui-même son « struggleforlifeur » plutôt que de le laisser impuni, indignation louable sans doute, bien que l'expression en soit discutable tout au moins. Mais le courant d'idées, la réaction que tout cela révèle est assez claire pour que je n'aie pas à y insister. Enfin, on pourrait mentionner aussi quelques œuvres secondaires aussi banales par la pensée que

par la forme; il est inutile, à tous les points de
vue, d'en parler longuement, cependant il faut
remarquer que c'est un signe de force pour
une idée quand les romanciers d'ordre inférieur, ceux qui ne précèdent pas l'opinion générale, mais la suivent, se mettent à s'en inspirer, alors surtout qu'ils ne paraissent pas au-
paravant avoir sensiblement pris garde à elle.

Le mouvement décadent, symboliste, n'a
peut-être pas eu grande faveur auprès du
public. Le fait seul de sa production est intéressant à notre point de vue. Sous les obscu-
rités de certains poètes, sous les divagations
de quelques autres, un sentiment sérieux se
manifeste, c'est le besoin, déjà entrevu, que
tout ne soit pas trop clair, et l'on peut trouver
qu'ils le satisfont trop. L'évolutionnisme,
le matérialisme, le positivisme scientifique
avaient fait un monde trop simple, trop intel-
ligible et en même temps trop peu satisfaisant.
Si les choses étaient réellement comme on
nous les a montrées, ce monde paraissait un
peu plat à l'intelligence, un peu sec au sentiment. Pour l'apprécier, pour s'y intéresser, il
fallait non pas s'en tenir aux grandes lignes,
mais approfondir une science, s'attacher à un
ordre de faits et le pénétrer aussi bien que

possible. La multiplicité, la variété des phénomènes, les applications infiniment nombreuses et complexes d'une loi générale font oublier ce que cette loi peut avoir de sévère et de monotone. Mais tout le monde n'a pas le goût et la possibilité de devenir un savant. D'un autre côté, notre science est bien incomplète encore, l'homme lui-même peut être considéré comme une ébauche mal dégrossie, et il y a en lui plus de possibilités d'idées et de sentiments que la science naissante n'en peut développer. De là le désir de trouver au monde un dessous, de réserver un vaste inconnaissable, dont on ne peut rien dire mais qui nous laisse croire que nous trouverons en lui de quoi satisfaire ce que la science ne satisfait pas en nous, au point de vue intellectuel et au point de vue moral. Les inconnaissables de Spencer et de Littré, conceptions trop négatives pour les esprits religieux, trop affirmatives ou erronées pour les esprits scientifiques, trop vagues et trop arrêtées à la fois, répondaient, mais répondaient mal, à certains besoins de l'âme humaine.

Ces besoins paraissent se développer. On s'est plu à trouver en tout de l'infini ; à

4··

chercher, à supposer des dessous, des profondeurs. Les choses les plus simples ont dû cacher des mystères. On en est venu à préférer la suggestion à l'affirmation, et plus la suggestion était difficile, plus la profondeur semblait grande ; on a transposé l'expression des sensations et des sentiments ; on a voilé les idées ; inversement, on a trouvé des effets étranges dans certains arrangements de syllabes, les lettres elles-mêmes sont devenues des symboles, dont la signification variait d'une personne à l'autre, mais c'est là, sans doute, une obscurité et un charme de plus. On vient, par un détour, à des procédés analogues à ceux des peuples relativement primitifs qui ont exprimé des cosmogonies par des contes, ou des initiés, des alchimistes qui exprimaient analogiquement leurs idées, voilaient une doctrine philosophique ou une opération alchimique sous des mots détournés de leur sens d'après un procédé plus ou moins précis et que seuls les initiés pouvaient comprendre. Il y a d'ailleurs, en tout cela, une grande part d'illusion, souvent d'illusion voulue, souvent d'illusion naïve ; il semble qu'une idée que nous avons voilée nous-mêmes peut devenir ainsi plus mystérieuse, moins connue, même pour nous, que nous pouvons en attendre davantage et autre chose ; si, en tout cas, pour l'intelligence, l'idée ne changeait pas, elle n'était plus la même pour le sentiment. Voiler ce que l'on sait, c'est aussi le rattacher à ce que l'on ignore, et par là, créer un lien entre soi et l'inconnu. Au crépuscule, les objets même familiers prennent des apparences étranges. Toutes ces raisons, un peu subtiles mais réelles, expliquent l'intérêt que peut prendre, à notre point de vue, le mouvement symboliste [1].

L'allure de la critique est aussi un signe très sérieux de certaines tendances générales, l'œuvre du critique étant plus réfléchie, plus raisonnée, que celle du littérateur. J'ai déjà eu à parler des articles où M. Melchior

---

1 A propos des arts divers on aurait à faire des remarques semblables à celles que nous suggère la littérature. Je rappelle à cet égard le succès de la musique de Wagner et de la peinture de M. Puvis de Chavannes. M. Melchior de Vogüé en signalant l'enthousiasme excité récemment par *l'Angélus* de Millet, et le succès des *Bretonnes au pardon* de M. Dagnan - Bouveret dit que « dans l'un et l'autre cas » le public « acclamait le « Tableau de sainteté » tel qu'il nous le faut aujourd'hui, la représentation discrète d'une émotion religieuse dans les âmes simples. » (*Remarques sur l'exposition du Centenaire*, p. 263).

de Vogüé a présenté au public français le roman russe, mais M. Melchior de Vogüé n'est pas précisément un critique. Il aime surtout à retrouver chez les autres l'expression de certaines idées et de certains sentiments, il les fait sortir des ouvrages des romanciers comme il les fait sortir des évènements qui se déroulent sous ses yeux, des romans de Tolstoï et de Dostoïewski comme de l'exposition universelle. Plusieurs écrivains ont encore à divers propos signalé le retour actuel à des croyances quasi-religieuses. M. Mazel, entre autres, a, dans un intéressant article de la Revue l'*Ermitage*, intitulé *Le Problème Religieux*, signalé et apprécié à un point de vue qui n'est pas le mien, le mouvement contemporain vers le mysticisme et la foi. Examinons l'œuvre des auteurs dont la critique littéraire est le but principal.

Ils sont deux en France, M. Brunetière et M. Lemaître, qui se sont partagé, depuis une dizaine d'années, la faveur du public. Et si je dis que, des deux, c'est M. Brunetière qui me paraît le plus « moderne », et celui chez qui je retrouve le mieux les tendances que j'étudie ici, cela ne passera peut-être plus aujourd'hui pour un paradoxe.

M. Lemaitre ne se rattache à l'esprit nouveau que par quelques côtés. Il aime à donner
ses impressions, il le fait avec esprit, avec
piquant, avec grâce, avec vivacité, mais il
n'aime pas les théories ; il en fait quelquefois,
sans vouloir paraître y ajouter grande importance : je ne serais pas surpris qu'il donnât
moins d'importance encore à celles que font
les autres. Son but parait être surtout de
présenter les idées et les sensations d'un
esprit curieux, pénétrant, assez libre, mais
libre surtout à la surface, épris de la littérature de ces dernières années, et surtout d'une
partie de cette littérature. S'il se rallie au
mouvement actuel, c'est par sa curiosité, par
quelques remarques, quelques pensées épar-
ses dans ses œuvres et aussi parce qu'il se
sépare plus ou moins de certaines croyances
encore en vogue.

M. Brunetière s'y rattache plus étroitement;
ce n'est pas qu'il soit plus mystique ; il
ne parait aimer ni l'obscurité, ni le demi-
jour et il a émis l'opinion, à propos de
MM. de Goncourt, que ce sont les nuances les
plus fines, les plus insaisissables qu'il faut
rendre avec le plus de précision. Mais il a une
doctrine générale et surtout il relève de notre

enquête par sa préoccupation constante de
donner à la littérature une signification, je
ne dis ni proprement morale ni sociale, mais
humaine. Si je ne me trompe, le vrai principe
de sa critique moins arrêtée et moins dogmatique qu'elle ne parait et peut-être qu'elle ne
voudrait l'être, c'est l'*humanité*, en ce sens
que les œuvres et les genres lui paraissent
supérieurs en raison de la supériorité des
sentiments et des idées, qu'ils mettent en jeu
et cette supériorité dépend elle-même de
l'importance de leur rôle dans la vie de
l'homme, j'entends dans la vie intellectuelle,
morale et religieuse de l'homme, c'est-à-
dire encore dans les rapports généraux de
l'homme et du monde. Rien n'est plus opposé
que cette manière de voir à la théorie
de l'art pour l'art ou à celle de l'art pour
les artistes qui ont eu trop de faveur, mais
il serait injuste d'y vouloir reconnaitre les
anciens errements sur l'art moralisateur ou
l'utilitarisme appliqué à la littérature. C'est
à cette préoccupation de M. Brunetière
qu'on peut rapporter sa prédilection marquée
pour le XVIIe siècle, son antipathie pour
les romanciers de l'école naturaliste française
même pour ceux — je devrais dire peut-être

pour celui — dont il a pleinement reconnu le
talent, sa sympathie pour le naturalisme
anglais de George Eliot, son mot « qu'est-ce
qu'aimer l'art sans aimer l'homme ? » et
c'est le même sentiment qui lui a fait prendre
la défense des études latines, qui lui fait
enregistrer avec plaisir l'entrée d'une science
particulière dans la littérature, la philosophie
avec Descartes, la théologie avec Pascal,
l'histoire naturelle avec Buffon, c'est-à-dire
l'entrée dans le domaine de l'humanité de ce
qui n'appartenait qu'à quelques-uns, qui lui
fait aussi craindre par dessus tout ce qu'il
appelle lui-même « la déshumanisation d'une
âme » ; c'est par cette préoccupation aussi
qu'il se sépare du courant d'idées contre
lequel se produit une réaction et qu'il se
rattache à l'ensemble de sentiments et de
théories que je tâche de montrer. Il appartient
encore à l'esprit nouveau par ce qui se
retrouve dans cet esprit comme dans celui
qui l'a précédé : le goût des connaissances
nombreuses, précises et sûres, et par l'ouver-
ture de l'intelligence qui offre chez lui un
contraste assez peu commun, mais explicable
avec un goût littéraire difficile.

§ 4

Nous retrouvons cette idée de la solidarité humaine et de son importance, cette vision de la nécessité d'unir les hommes étroitement, de coordonner leurs rapports autant que faire se peut, dans un domaine différent, celui de l'économie politique. Ici il ne s'agit plus seulement de théories. La disproportion immense entre l'accroissement des besoins et celui des moyens de les satisfaire, le contraste de fortunes énormes et de misères nombreuses, la disparition des idées, des sentiments, des faits qui pouvaient légitimer ou faire paraître légitime ce contraste, empêcher de le voir ou empêcher de le sentir, ont créé de redoutables problèmes dont la solution semble s'imposer davantage à mesure qu'elle devient plus difficile. Le mouvement à mille formes qu'on désigne sous le nom de socialisme et dont le but est une répartition plus équitable de la richesse, nous présente actuellement, sur bien des points, des phénomènes indiquant une évolution analogue à celle que nous avons signalée à propos d'autres idées et peut-être

les plus importants de ceux que nous avons
à examiner. Mais ici la réaction contre la
science froide et l'individualisme excessif a
été autrement précise et autrement forte.
C'est que les intérêts, qui pouvaient être
froissés n'étaient pas ici des intérêts spé-
culatifs, de ces tendances qui protestent
faiblement quand on les gêne. Il s'agissait
sinon de la vie, au moins de la vie acceptable
pour des hommes dont la civilisation a
multiplié les besoins sans leur donner
toujours les moyens de les satisfaire, des
désirs inhérents à tout homme d'un certain
développement dans notre état social. Les
différentes écoles qui se sont formées ont
sans doute la prétention d'être des écoles
scientifiques ; plus que jamais, les faits sont
recherchés, classés, décomposés, analysés ;
plus que jamais les lois scientifiques sont
rigoureusement établies, mais plus que
jamais aussi, on sent le besoin de ne pas
considérer les faits et les lois au seul point
de vue de la théorie, mais de les envisager
aussi au point de vue de l'action ; on est
prêt à les accepter comme des réalités
données, mais c'est surtout pour s'en servir
afin de diriger, de créer la réalité future, de

déterminer de nouveaux faits, de susciter la formation de nouvelles lois. Il faut apprendre, en science, en philosophie, à comprendre ce qu'il y a d'immuable, mais aussi ce qu'il y a de mobile et de périssable dans cet ensemble d'abstractions et de faits généraux qu'on appelle les lois naturelles. La science sociale est une de celles qui suggèrent le plus d'idées justes à cet égard.

La nature des questions détermine jusqu'à un certain point, la forme de leur étude. Il ne faut pas chercher dans le mouvement socialiste des subtilités, des élégances, des raffinements, dans le genre de ceux du symbolisme. Mais un certain mysticisme y est assez fréquent, on en trouverait un exemple dans le nom donné à la fameuse *loi d'airain* et surtout dans la fortune de ce mot, fortune à laquelle n'est pas étranger ce sentiment de l'immense, de l'inconnu, du divin, que nous avons signalé ailleurs. On en trouve d'autres dans les idées, les aspirations qui guident quelques-uns des hommes qui tâchent de trouver et de faire accepter des solutions pacifiques et rêvent l'organisation de la société sur un nouveau plan. Je signalerai à cet égard l'école qui voit dans la généralisation

de la coopération le moyen d'arriver à la refonte de l'organisme social. La coopération était signalée jadis dans les traités d'économie politique comme un moyen d'arriver à quelques résultats avantageux, mais restreints. « Si la coopération, dit un représentant de la nouvelle école[1] n'avait d'autre but ni d'autre avenir que de créer quelques boutiques d'épicerie perfectionnées ou quelque mécanisme d'épargne plus ou moins ingénieux, je vous prie de croire qu'elle n'aurait pas rallié dans une même foi et dans une même espérance des millions d'hommes de tous pays et de toutes langues, Anglais, Italiens, Allemands, Américains ou même Russes, témoin ce Russe de Kharkof, Nicolas Balline qui écrivait aux coopérateurs français, réunis à Tours cet automne, dans une lettre que je lus pour lui au milieu d'un auditoire ému jusqu'aux larmes. « Je suis heureux de
» penser que, Français ou Russes, nous
» voyons dans la coopération le même idéal,
» de même que je suis heureux de penser,
» quand je regarde une étoile, que mon

1 M. Ch. Gide, Conférence sur l'*Avenir de la coopération.*

» frère de loin, la regarde aussi ! » Une étoile,
c'est le mot ; non point une boutique, mais
une étoile vers laquelle des millions d'hommes
ont levé les yeux pour chercher le mot de
l'énigme sociale, et qui, si elle n'a pas encore
révélé son secret, a du moins fait descendre
d'en haut dans plus d'un cœur ulcéré ce
rayon d'or qui s'appelle l'espérance. » On a
reproché à cette école ce qu'on a appelé son
mysticisme. Cette critique ne porterait qu'en
tant qu'il serait établi que ce mysticisme
lui fait mal apprécier la réalité, mais elle
ne repousse aucun des moyens scientifiques
d'observation, aucune des manières scientifiques de raisonner. Il y a certes des raisons
de recommander la froideur dans l'observation et dans le raisonnement ; cependant,
il ne faut pas oublier que, si l'objectif de nos
recherches nous laissait complètement indifférents, nous ne ferions pas ces recherches,
et que, si le résultat ne nous importait en
rien, nous ne trouverions pas ce résultat.
Autant que la froideur de la recherche,
l'émotion qui la précède et l'émotion qui la
soutient et l'émotion qui la suit sont désira-
bles, au moins dans l'état actuel de l'humanité;
et c'est encore un signe de l'état de l'âme

moderne que cette recherche des grands
résultats jointe à l'emploi des moyens les
plus minutieux, ce mélange de réalisme
pratique et d'idéalisme sans limites, de
science et d'émotion, de mysticisme, si l'on
veut, qui se révèle au moins dans certaines
formes du mouvement social. Nous le retrouvons à quelque degré chez un des chefs du
parti socialiste français, M. Benoit Malon,
qui parait vouloir unir l'esprit idéaliste des
écoles françaises de la première moitié de ce
siècle et l'esprit positif et scientifique de
l'école allemande. Il insiste sur la nécessité
de ne pas se laisser « sevrer d'idéal » et de
remplacer « l'atavisme religieux » par « un
vaste idéal humain, par une conception de la
vie et du devoir propre à ouvrir nos pensées
et nos cœurs à toutes les justices nouvelles,
propre à nous faire consentir à tous les
dévouements, tous les sacrifices qu'elles
commandent ».

A ces questions sociales on peut en rattacher d'autres : les préoccupations très vives
au sujet des méthodes d'enseignement et
d'éducation. D'un côté on commence à se
préoccuper « des mesures à prendre pour
faire donner un enseignement coopératif aux

élèves des écoles primaires supérieures et professionnelles » et l'on s'efforce d'attirer les maîtres vers les nouvelles doctrines. Un prix est offert à l'instituteur qui aura le mieux rédigé une leçon familière et pratique sur la coopération de consommation. Nous ne sortons pas encore de l'ensemble des faits qui se rapportent au socialisme. Mais d'un autre côté d'autres tentatives se produisent, on peut remarquer comme signe des tendances actuelles les articles que M. Fouillée a récemment publiés dans la *Revue des Deux Mondes* et qu'il a depuis réunis en un beau livre : *L'Education au point de vue national*. Il s'y manifeste une réaction très marquée contre l'esprit purement scientifique, contre cette opinion que la science vaut en soi et par soi, ce qui serait admissible si l'on n'avait à former que des savants, mais ce qui ne peut guère se défendre si l'on songe qu'on a surtout à former des hommes. M. Fouillée prend la science par son côté humain, par son importance au point de vue de l'humanité ; le rôle qu'il lui attribue dans l'éducation se déduit surtout de la valeur qu'il trouve en elle pour la formation des hautes qualités de l'esprit. Sa tentative peut en un sens et mal-

gré des différences capitales, se rapprocher
de la synthèse subjective d'Auguste Comte.
Les instructions, programmes et règlements
publiés récemment par le Ministère de l'Instruction Publique ne sont pas pénétrés tout à
fait du même esprit, mais on y remarque la
grande importance attachée à l'éducation
morale. Sans doute on tâche de se prémunir
contre l'étroitesse de théories surannées,
mais on note que « l'enseignement de l'histoire peut et doit servir à fortifier le sentiment moral » [1] et l'on demande aux études
historiques de laisser à l'élève « avec la connaissance de son pays et de l'état du monde,
la notion claire de ses devoirs de Français et
de ses devoirs d'homme »[2]. Pour la discipline,
même remarque, avec ceci en plus qu'on
insiste beaucoup sur l'utilité qu'il y a à faire
des élèves des collaborateurs conscients et
volontaires du professeur et du proviseur.
L'unité morale du lycée sera l'œuvre de ce
dernier. « Mais, dira-t-on, cette unité, ne
peut-il la faire régner en fait, par une action
vigilante et forte quoique silencieuse ? Il

[1] p. 47.
[2] p. 49.

suffit qu'il la veuille et la réalise. — Eh bien,
non ! cela ne suffit point. Ce n'est point
assez que les élèves ne fassent point de sotti-
ses, il faut qu'ils n'en veuillent point faire. Ce
n'est pas assez que tout soit dans l'ordre, il
faut que tous se sentent dans l'ordre, et s'y
tiennent avec joie, même pouvant en sortir ;
que ce soit, comme dit Montaigne, « assez de
leurs propres yeux à les tenir en office ». Les
êtres intelligents ont besoin de savoir au
juste ce qu'on veut d'eux, et pourquoi on le
veut, à quelle œuvre on les fait coopérer. Il
faut d'autant plus le leur dire que cette œuvre, en effet, est plus élevée. N'étant autre que
leur préparation à la vie civile et au service
du pays, elle suppose par définition leur
collaboration consciente et cordiale, et ne
peut être achevée que par eux »[1]. On lit plus
loin : « pour que l'action du proviseur sur les
élèves soit tout ce qu'elle doit être, il faut
qu'ils le sentent en communion étroite avec
les familles et avec tous ses collaborateurs ».
Il me semble que nous trouvons ici dans un
domaine différent et plus restreint l'influence
de sentiments analogues à ceux qui agissaient

1 p. 192, 193.

dans le monde économique. Il ne faut pas sans doute attacher trop d'importance à certains mots dont le rappel a bien pourtant quelque signification, mais ce que les mots désignent se ressemble aussi, c'est le besoin de grouper plus étroitement les volontés, de faire converger davantage les idées et les désirs, de remplacer dans une certaine mesure l'autorité et la contrainte par la coopération volontaire et libre. On se doutait certainement déjà que cela était bon, peut-être le sent-on mieux encore aujourd'hui et s'en préoccupe-t-on davantage.

Si le programme et les instructions données aux professeurs nous renseignent sur les tendances actuelles, elles nous renseignent aussi sur ce qui fait défaut à ces tendances pour se satisfaire pleinement. Il n'y a pas, est-il dit, de philosophie d'état, et une assez grande liberté doit être laissée au professeur à l'égard des doctrines qu'il enseigne. Or, laisser le professeur libre, c'est dire que l'on ne sait pas où est la vérité. La philosophie qui devrait être le lien et la raison d'être de tout le reste, manque complètement ; il n'y a pas lieu bien évidemment d'en faire un reproche aux rédacteurs des instructions.

Si on n'a pas de doctrine philosophique à
enseigner, c'est qu'il n'y en a pas actuellement
qui s'impose par sa valeur propre, par mode
ou tradition. Sur ce point l'anarchie intellectuelle existe encore, mais on tâche au moins
de remédier à l'anarchie morale et comme la
morale ne peut rester debout, quoi qu'on en
ait autrefois prétendu, par sa propre force, on
rétablit jusqu'à un certain point au nom de la
morale ce que la métaphysique ne pouvait
sauver. C'est, avec quelques différences, le
système du criticisme. « Il ne peut donc y
avoir pour un Etat, nous dit-on, d'autre morale
que la morale du devoir, ni d'autre philosophie que celle qui rend possible la morale
du devoir. Toutes les controverses abstraites et épineuses de la philosophie et de la
morale doivent céder devant ces considérations impérieuses et imposantes ; et, libres
dans le domaine de la science pure, s'évanouir
devant la nécessité pratique de former des
hommes ». Il est possible que l'esprit scientifique pur ait été un peu effacé ici par les
besoins de la pratique ; encore peut-on dire
qu'il se montre dans la franchise avec laquelle
la philosophie est présentée comme devant
servir à l'établissement de la morale, où

tout au moins le permettre, il y a de l'esprit
scientifique dans cette manière de voir
et de dire clairement que la morale doit
l'emporter. Mais le désir d'informations
nombreuses et sûres, ce besoin de savoir
pour agir, ne le retrouvons-nous pas dans
l'activité déployée depuis plusieurs années
autour de cette question de l'instruction,
dans la multiplicité des enquêtes, dans le
grand nombre des travaux produits dont on
s'efforce de tirer des lois générales sur
lesquelles on fondera la doctrine qui, pour
quelque temps sans doute, réunira et satisfera
la majorité des intelligences ?

§ 6

Ainsi le besoin de science et le besoin
d'idéal nous paraissent être les deux principales tendances qui se retrouvent dans toutes
les formes diverses de l'esprit nouveau. Le
besoin de science n'est pas une nouveauté, il
est emprunté à l'état psychologique qui a
immédiatement précédé celui qui aujourd'hui
se forme, le besoin d'idéal est plus ancien
encore, éclipsé quelque temps, amoindri, non

disparu — il ne saurait l'être — il se réveille
aujourd'hui aussi vivace, semble-t-il, qu'il l'a
jamais été ; une sorte de mysticisme scientifique parait en voie de formation et l'union de
l'esprit scientifique et de l'esprit de foi, du
besoin d'harmonie générale poussé jusqu'au
mysticisme parait devoir être la marque
distinctive de l'esprit nouveau.

Du reste, l'ensemble des tendances que j'ai
signalées est encore incohérent. Les chercheurs, d'un domaine de la pensée à l'autre,
s'ignorent souvent ; chacun d'entre eux n'a
pas toujours conscience de ce qu'il porte en
soi, et quelquefois, soit aveuglement sur sa
propre pensée, soit illusion sur la pensée
d'autrui, un homme repousse l'aide qu'un
autre homme lui apporte. D'ailleurs, chacun
n'avance pas en même temps sur le même
point. Les uns gardent certaines parties de
l'esprit régnant que les autres repoussent ;
ceux-ci sont en avance sur leur temps par un
côté et sont en retard par d'autres, en
avance, par exemple, au point de vue
esthétique, en retard au point de vue économique qu'ils ne comprennent pas ; ceux-là
font exactement de même, mais en un sens
opposé. D'autre part, les divers mouvements

qui composent le mouvement total n'ont pas
commencé à la fois et ne sont pas également
avancés. Des alliés naturels restent inconnus
l'un à l'autre ou se combattent. Enfin, il ne
faudrait pas se faire illusion sur le développement actuel des tendances dont la fusion,
la coordination peut faire régner un état
mental qui ressemblera peu à celui de la
dernière génération. Si ces tendances apparaissent un peu isolées, chacune se maintenant à part des autres, il arrive qu'elles ne
sont assez développées que chez quelques
individualités, celles qui tiennent la tête et
mèneront le mouvement. Sans doute, il parait
bien qu'un instinct profond dirige dans le
même sens la masse des esprits, cependant
leur mouvement n'est pas encore très visible.
J'ai parlé tout à l'heure de la doctrine
coopérative, de la généralité des vues, de
l'extrême ambition théorique de quelques-
uns de ses défenseurs ; je demandais un jour
à un partisan actif de la coopération, s'il n'y
avait pas quelque danger à mettre surtout en
avant des théories générales, des avantages
universels, mais abstraits, éloignés, et de
paraitre tenir relativement en petite estime
les résultats un peu terre à terre, qu'il est

possible d'obtenir immédiatement : les petites économies, les petites épargnes. Il me répondit avec justesse qu'il fallait fortifier la partie faible. Nous ne manquerons jamais, disait-il à peu près, d'hommes qui s'intéressent à leurs propres affaires et qui soient sensibles à leur intérêt, il faut attirer aussi leur attention sur le but final et idéal sans lequel le mouvement avorterait. Je pense qu'il en est de même un peu partout. On me fera difficilement croire que les lecteurs assidus des poëtes décadents soient très nombreux en France et même que tous les lecteurs de Tolstoï éprouvent ,l'immense compassion pour les faibles et les déshérités de la société ou de la nature qu'ils auraient pu puiser dans les œuvres du grand auteur russe.

Mais ceci n'est pas pour nous faire revenir sur ce que nous avons dit. D'abord, quand nous parlons d'un esprit, assurément nous n'entendons pas que cet esprit existe et surtout soit conscient et développé chez tout le monde. Si l'esprit positif et scientifique, individualiste et irréligieux a régné un moment, cela ne veut pas dire qu'il n'y eût plus de rêveurs, de socialistes ou de croyants, cela veut dire simplement que cet esprit était celui des hommes de talent, des initiateurs les plus écoutés, les plus suivis, et surtout que l'orientation générale des âmes et, par suite, des actes individuels ou sociaux se faisait en ce sens. De même, il reste et il restera toujours des sceptiques, des gens d'un bon sens terre à terre et des matérialistes convaincus, mais il me semble que l'orientation générale change. Les raisons je n'ai pu les trouver que chez les écrivains et les hommes en vue, mais ces écrivains n'écriraient pas ainsi ou n'écriraient plus, ces hommes n'agiraient pas comme ils le font s'ils ne se sentaient pas soutenus par la foule qui les voit, les lit ou les écoute. Une tendance de portée sociale ne se manifeste pas chez une seule personne ; le plus souvent, si elle existe à l'état conscient chez un homme, c'est qu'elle existe à l'état inconscient, à l'état latent, à l'état partiel, chez plusieurs milliers d'autres.

Et chez ces autres, l'imitation la développe bientôt. M. Tarde nous a montré récemment quelle était la puissance de ce procédé social. Sans doute, il faut que le terrain soit préparé pour qu'elle puisse agir. On pourrait faire indéfiniment des opérations algébriques chez un peuple qui n'a pu s'élever à compter plus loin que dix sans être réellement imité, mais, dans une société préparée, l'acte initiateur des hommes de talent qui formulent les premiers une idée, qui expriment un sentiment, est bien l'étincelle qui met le feu aux poudres. En même temps que l'imitation se produit une sorte d'accommodation spontanée qui adapte aux nouvelles idées ceux mêmes qui les ignorent et ceux mêmes qui les combattent, ceci est un fait social dont l'importance ne saurait être estimée trop haut. Il ne faut pas non plus exagérer la distance qui sépare les hommes, le savant de l'artiste, le socialiste du poëte. D'un monde à l'autre, les passages sont nombreux, outre l'accord spontané qui provient de la ressemblance des conditions sociales générales auxquelles les uns et les autres sont soumis, il se produit des rapprochements individuels, des influences souvent inaperçues mais réelles, qui régularisent les actions et permettent à l'imitation de passer d'une partie à l'autre de la société, et qui laissent se produire les généralisations et les coordinations des sentiments, des désirs, des

idées qui se manifestent isolément et que les
nombreux points de contact déterminés par
notre mode de groupement social rappro-
cheront facilement pourvu que les conditions
sociales soient favorables et qu'il se trouve
quelques hommes supérieurs pour trouver la
parole décisive, le mot excitateur, pour faire
jaillir l'étincelle.

Ces conditions, nous les avons indiquées,
c'est l'état d'esprit dominant pendant la
seconde moitié du XIX° siècle, la persistance
des tendances froissées, la force de quelques-
unes d'entre elles et de quelques-unes aussi
de celles que les circonstances, l'aveuglement
de quelques hommes, l'imprévoyance ou
l'étroitesse de quelques autres leur avaient
opposées. Les esprits initiateurs, nous en
avons vu un grand nombre, les paroles
prononcées, nous en avons rappelé plusieurs, et partout elles convergeaient vers
des résultats généraux sensiblement con-
cordants, le succès possible de ces paroles
enfin, nous l'avons entrevu, nous l'avons
aperçu clairement dans la vogue de certains ouvrages, dans la force et la diffusion
de certains courants d'idées et de désirs, dans
la nature des luttes et des discussions

provoquées. Il semble donc bien que le nouvel esprit qui se forme soit en bonne voie pour se développer, s'organiser, croître et dominer à son tour, il parait devoir être une sorte de synthèse de science spéculative et de foi active, de besoin de savoir et de besoin d'aimer, de respecter et de craindre, du sentiment aussi de la nécessité d'ignorer encore de vastes parties de l'univers, sentiment à la fois de désir et de trouble, d'anxiété et de crainte devant cet immense inconnu qui nous entoure. Parmi les tendances qu'il devra unir, les unes sont empruntées à l'esprit dominant pendant la période intellectuelle précédente, d'autres au contraire remontent à des périodes plus éloignées et avaient été plus ou moins opprimées depuis. Le contraste, en sociologie, est complexe, et, lorsqu'il s'agit d'esprits en évolution, l'état nouveau est, non pas une simple réaction, mais une combinaison de réactions diverses, d'actions qui se continuent, de nouveaux sentiments et de nouvelles idées aboutissant à un composé plus riche et mieux systématisé.

CHAPITRE IV

L'Avenir possible

§ 1

Après avoir constaté et interprété les faits, il faut tâcher de les apprécier. De ce qu'un mouvement intellectuel et moral se produit fatalement, il ne faut pas conclure qu'il soit bon ou qu'il soit mauvais ; il peut être l'un ou l'autre, il est probable qu'il est l'un et l'autre à la fois à différents égards. En tout cas le courant risque de dévier, de déborder sur tel ou tel point. Chacun a le devoir d'apporter sa pierre aux digues qui le contiendront, aucun effort n'est absolument vain dans ce monde où tous les faits réagissent indéfiniment les uns sur les autres.

Le mouvement précédent vers l'athéisme dans le monde, vers l'individualisme en politique, vers la libre pensée, vers l'émancipation à l'égard de la tradition et de la règle, à l'égard de la morale même, car ceci fut un des côtés les moins avoués, mais non les moins visibles du changement, avait ses inconvénients aussi, et nous a conduits à une anarchie intellectuelle et morale qui aurait ses périls, si d'ailleurs elle n'était pas une condition favorable à l'éclosion d'un esprit nouveau capable d'emprunter au passé ce qu'il avait de bon sans renier les conquêtes du présent. En laissant le champ libre aux idées nouvelles, en favorisant jusqu'à un certain point l'initiative individuelle, il a rendu service ; l'un de ses plus graves inconvénients serait d'avoir préparé et rendu possible une réaction trop forte ou mal dirigée. Il importe de ne pas satisfaire les besoins qui se réveillent par les moyens qui ont échoué déjà et qui échoueraient encore. Beaucoup de « penseurs » sont déjà las de leur indépendance et cherchent une foi commune qui puisse les réunir. Le tout est de savoir comment, à qui, sur quel terrain ils se réuniront. Il ne faut pas que l'union nouvelle aboutisse prochainement à une nouvelle séparation. Je sais bien qu'on échappe en partie à l'apparence de la séparation en en acceptant la réalité, en conservant les rites, les habitudes, les formules, les symboles, tandis que les croyances s'évanouissent, et puis il y a tant de manières d'interpréter un texte sacré ou même une décision de concile ou de choisir parmi les textes sacrés que bien des esprits y peuvent trouver satisfaction. Que des sentiments très respectables puissent se manifester ainsi, nul ne le contestera. Un grand historien mort récemment désira, par respect pour les croyances de nos ancêtres, croyances qui n'étaient plus les siennes, que son corps fut inhumé avec les cérémonies catholiques. Certes, l'homme qui avait si admirablement montré l'influence de la religion dans les sociétés primitives, l'homme qui avait recherché avec tant de science et tant de talent l'origine de nos institutions, avait plus qu'aucun autre le droit de se laisser influencer par des considérations purement historiques, et pouvait être reconnaissant à la religion de ce qu'elle avait fait pour nous, de ce que nous avions fait pour elle. Mais une généralisation de ce fait ne parait ni possible, ni désirable. Il ne faut pas oublier que nous ne devons pas accepter en général nos croyances pour des raisons historiques, ni pour des raisons de famille ou de milieu, abstraction faite de leur vérité ; une pareille acceptation d'ailleurs ne satisferait ni les incrédules ni les croyants, et si en quelques cas elle est excusable ou louable, elle est assez souvent inspirée non par des sentiments élevés, comme dans le cas que nous citions tout à l'heure, mais par des sentiments d'égoïsme, de timidité et de paresse, pour que les chrétiens, comme les athées, la combattent et c'est ce que ne manque pas de faire, sous des formes diverses, le parti le plus florissant.

Si les raisons historiques ou de sentiment ne doivent pas suffire à nous faire accepter les pratiques d'une religion, à plus forte raison, ses croyances. Il se produit en ce moment-ci une réaction peut-être outrée contre la polémique antireligieuse du XVIII° siècle. Que cette polémique ait été mesquine, inintelligente, étroite, c'est vrai ; mais ce qui est vrai aussi, c'est que, *au fond*, Voltaire avait raison quelquefois, les croyances qu'il combattait ne nous satisfont pas plus que lui et les raisons qu'il invoquait pour les combattre, tout en prouvant que Voltaire ne savait pas tout ce que l'on sait aujourd'hui, ne portent pas moins en certains cas, si on se

place non au point de vue de l'histoire et de la
formation des religions, de la grandeur et de
l'importance de leur rôle historique, mais de
leur vérité intrinsèque. Ne soyons pas contre
lui aussi étroits qu'il l'a été lui-même, puisque
en ce siècle nous en serions moins excusables, et si le raisonnement vulgaire, le bon
sens, la logique .élémentaire, grossière si
l'on veut, ne suffisent pas à tout, ni même, ,
sans doute, à grand chose en philosophie,
n'en concluons pas qu'ils ne soient absolument .
bons à rien.

Aujourd'hui les croyances catholiques
paraissent regagner sous des formes parfois
peu orthodoxes une partie du terrain perdu,
la jeunesse ne leur est pas hostile ; des
écoles où dominait autrefois l'esprit de
Voltaire, s'ouvrent plus largement à l'idée
religieuse. Dans le roman, dans la critique,
une grande bienveillance pour le catholicisme,
sinon une acceptation complète, ne sont pas
chose rare. En publiant *le Disciple* dans la
Nouvelle Revue, M. Bourget qui a depuis
manifesté de nouveau sa sympathie pour la
religion chrétienne, terminait son roman par
le retour du vieux savant brisé, moralement
anéanti, à la prière de son enfance « Notre

Père qui êtes aux cieux ». L'œuvre finissait par ces mots. Quand elle parut en volume, l'auteur ajouta quelques lignes pour compléter sa pensée, et, en somme expliquer mieux la conversion d'Adrien Sixte, tout en la rendant moins nette. Comme fait psychologique le revirement du vieux philosophe n'a rien d'invraisemblable, c'est un de ces retours de la dernière heure, analysés par M. Ribot. Dans le naufrage des croyances acquises, des idées obtenues par le travail, dans le désarroi de tous les sentiments, on voit reparaître, avec la fraicheur des impressions de l'enfance oubliées depuis longtemps, les premières impressions religieuses, les croyances de l'âge disparu. Il est possible que la société dans son ensemble présente un phénomène analogue, elle est vieille aussi, et ses croyances, ses habitudes, ses sentiments anciens et nouveaux ont été disloqués, brisés, anéantis ; peut-être, dans ce désarroi général, la haute antiquité, la puissante organisation du catholicisme qui fut si fortement mêlé à notre vie nationale, lui vaudront-elles de survivre, et lui feront-elles au milieu des ruines de croyances plus récentes une nouvelle jeunesse. S'il se montre

assez souple pour s'accommoder aux croyances nouvelles de la vie sociale, et assez hardi
pour ne pas s'effrayer des conquêtes de la
science[1], il peut pendant longtemps non seulement subsister, mais avoir sa part d'influence, une part considérable, mais non,
toutefois, celle qu'il désire.

Malgré tout, pas plus que les autres bran-
ches du christianisme, il ne pourra garder la
direction des esprits ; si les religions
existantes se sont montrées impuissantes à
suffire à l'intelligence de l'homme moderne,
elles n'ont pas été moins impuissantes à
contenter son cœur. Ou les religions se
déformeront au point de n'être plus elles,
ou bien elles seront toujours combattues par
les exigences de l'esprit comme par celles de
notre conscience. Le livre de Guyau sur ce
point sera longtemps vrai, sa critique reste,
et si elle nous montre en quoi les religions
anciennes ne nous satisfont plus, elle nous
montre aussi en quoi les nouvelles ne peuvent
nous satisfaire. C'est folie que de vouloir
adapter à des idées modernes des formes

1 Une revue, la *Revue de la science nouvelle*, s'est
récemment fondée dans le but de défendre le catholicisme
au point de vue scientifique.

anciennes qui séparées des croyances qui les font vivre et de leur sens historique, employées consciemment dans le but d'augmenter le prestige d'une institution quelconque deviennent simplement grotesques. On aurait beau faire jouer les orgues à un enterrement civil, on ne lui donnerait pas le caractère particulier d'une cérémonie religieuse, mais il est possible par la dignité, le sérieux, de lui donner un caractère différent, mais de valeur égale. Des parodies comme le sécularisme « religion purement athée et utilitaire ayant conservé le plus possible le rituel de l'Église anglicane »1 n'ont aucune valeur.

Une chose peut préserver le mouvement actuel de la réaction excessive, c'est la vigueur de l'esprit scientifique, du naturalisme au bon sens du mot. Plus que jamais on éprouve le besoin de savoir, de savoir avec précision, de savoir beaucoup, plus que jamais aussi on veut analyser ce qu'on sait et aussi ne prendre les analyses que pour arriver à la synthèse. Tant que ce besoin persistera, tout ira bien, rien ne fait maintenant présager son déclin; cependant il peut être affaibli ou

1 Guyau, l'*Irréligion de l'avenir.*

gêné par deux tendances légitimes, bonnes à certains égards, assez fortes aujourd'hui et qui, mal dirigées, peuvent lui nuire, l'une c'est le désir de la synthèse pratique et *humaine*, si je puis dire, l'autre, c'est l'amour de la profondeur compliqué du goût du merveilleux et de l'obscur.

La première, c'est celle qu'Auguste Comte avait eu le grand mérite de reconnaître pour une base essentielle de la philosophie et qu'il avait eu le tort de satisfaire mal pour la vouloir trop satisfaire. C'est celle qui lui avait inspiré la théorie du Grand Fétiche et du Grand Milieu, et cette idée singulière, quoique moins folle au fond qu'il ne serait possible de le croire, que nous devons nous représenter le monde comme animé à notre égard de sentiments bienveillants. Il est inutile de retourner à ces errements. Si une connaissance objective n'a une valeur pour nous qu'en tant qu'elle peut satisfaire quelque tendance, inversement une opinion qui pourrait satisfaire nos tendances ne doit généralement être considérée comme ayant une valeur pour nous que si elle est vraie.

Il faut aussi se méfier de l'amour du profond quand il se confond avec le goût de

l'obscurité. Tout n'est pas clair dans le monde,
et il ne peut en être autrement ; même les
choses évidentes ont des dessous, des causes,
des conséquences qui restent obscures. Mais
notre ignorance est assez grande pour que
nous ne prenions pas plaisir à l'épaissir, elle
ne nous sert pas assez pour que nous prenions peine à la cultiver. Elle est une imper-
fection qu'il faut diminuer. Et, s'il reste, s'il
restera longtemps dans le monde une immense quantité d'inconnu, n'appelons pas
cet inconnu un Inconnaissable pour avoir la
satisfaction de nous agenouiller devant lui et
n'en faisons pas, comme si nous le connais-
sions, une sorte de pouvoir personnel inconscient, cause et directeur du monde des
phénomènes. L'inconnu ne peut même nous
être connu comme inconnaissable.

Il faut éviter surtout que notre ignorance
devienne une raison de foi. Il a paru évident,
à tort, que les lacunes de la science autori-
saient des affirmations extra scientifiques ; il
faudrait tâcher de se faire à cette idée que,
lorsque nous ne savons pas certainement une
chose, il faut rechercher par des procédés
rigoureux la croyance la plus probable, et si
nous croyons devoir en adopter une, ne lui

attribuer que le degré de probabilité que nous
lui avons reconnu, sinon, en cas de doute,
essayer d'une hypothèse comme croyance
provisoire et à vérifier, ou bien rester dans
l'incertitude. Mais il est à craindre que la
tendance trop forte n'en vienne à se satisfaire
par n'importe quel moyen. Faute d'aliments,
on a vu des affamés avaler de la terre pour
apaiser la sensation de la faim ; faute d'aliments intellectuels on peut aussi repaître son
esprit de conceptions sans solidité logique.
Malheureusement il est plus facile de se faire
illusion sur la valeur de cette nourriture.

Ne nous y trompons pas ; il pourra y avoir
lutte entre l'esprit de foi et l'esprit de science.
Nous voyons déjà la science malmenée par
quelques écrivains qui, le plus souvent
d'ailleurs, paraissent n'en avoir qu'une idée
vraiment trop imparfaite comme le poète qui
a écrit :

Le seul savant, c'est encore Moïse.

Cela pourra continuer ou devenir plus fréquent et plus considérable, et les savants ou
prétendus tels ne sont pas innocents de cette
réaction par la façon dont ils ont présenté
comme scientifiques des théories aussi hypo-

thétiques que pas une. Il n'est pas très rare
encore en psychologie de voir considérer
comme « scientifique » une hypothèse par
cela seul qu'elle est exprimée en termes em-
pruntés à la physiologie. Mais si la réaction
allait jusqu'à prévaloir contre les habitudes
de constatation rigoureuse, d'analyse précise
et de synthèse exacte que nous sommes occupés à acquérir avec tant de peine, ce serait
un recul considérable d'accompli et une
autre réaction à craindre. L'esprit scientifique
est fort par bonheur, même chez plusieurs
représentants des nouvelles tendances.

§ 2

Que reste-t-il au point de vue scientifique à
celui qui ne peut plus croire aux anciens
dieux ni aux nouveaux? Moins qu'on ne voudrait, quelque chose cependant. Si la religion
est un mode d'association entre les hommes
d'abord, entre les hommes et le monde ensuite,
ce n'est pas le seul. Ce besoin d'harmonie,
d'unité que nous portons en nous, nous
avons de quoi le satisfaire non pas pleinement, mais assez cependant pour que celui

qui s'attache réellement à une œuvre, à une idée, à une recherche y trouve le soutien de sa vie et la satisfaction et, s'il est fort, le calme devant la mort même. Il ne manque pas d'hommes dont la science, la patrie, l'art, la famille, moins encore, un métier, une occupation aimée ont rempli la vie. L'homme est un rouage, engagé dans des mécanismes qui se compliquent à mesure qu'ils se multiplient. Au-dessus de lui il a la famille, groupement d'intérêts communs, groupement d'affections semblables, d'habitudes analogues, de traditions plus ou moins vieilles. La famille s'affaiblit en un sens, nous l'avons à la fois élargie et diminuée, la diversité des croyances et des besoins qui s'y est introduite a nui à son unité, à la solidité de l'union de ses membres, mais ne l'a pas ruinée ; elle peut encore répondre dans une certaine mesure aux besoins d'harmonie et d'unité. Au-dessus de la famille, la patrie, la convergence des goûts, des croyances, des idées, des sentiments, des intérêts, la solidarité établie par les institutions sont des conditions très favorables à l'établissement d'un lien réel. Ce lien s'étant relâché, le cosmopolitisme avait repris faveur. Une réaction s'est produite depuis nos ma-

lheurs. Elle a devancé les autres mouvements de direction analogue. La patrie est
devenue pour quelques-uns l'objet d'un véritable culte. Peut-être va-t-on quelquefois bien
loin en ce sens. Je l'affirmerais davantage
si les manifestations d'un patriotisme mal
entendu, comme celle qui a empêché la représentation à Paris d'une œuvre musicale allemande, ne se mêlaient souvent à des sentiments fort suspects. Du reste le patriotisme
bien compris ne peut inquiéter les partisans
d'une forme d'association plus haute encore,
pas plus que le développement normal des
individus ne doit inquiéter sur le groupement
social dont il est au contraire une condition.

Entre la famille et la patrie ou même en
dehors de ces groupes s'échelonnent une
série de petits systèmes sociaux plus ou
ou moins considérables, mais qui peuvent
avoir, à notre point de vue, une grande importance : les sociétés scientifiques, les sociétés
de secours mutuels, les associations économiques peuvent devenir des occasions d'exercer l'esprit moral et l'esprit religieux. Certaines de ces associations, par leur but lointain, par leur programme pour ainsi dire
infini, ouvrent d'assez vastes perspectives

pour satisfaire des besoins d'harmonie même
exigeants.

Et il est permis de se demander si ces
groupements, de plus en plus compréhensifs
et de mieux en mieux coordonnés, ne doivent
pas, au bout d'un certain temps, remplacer
tous les autres et ne sont pas destinés à résoudre certains problèmes qui nous paraissent
encore insolubles, ou du moins à les remplacer par d'autres dont la solution sera
possible. Il semble que l'idée coopérative,
si terre à terre, si modeste dans quelques-
unes de ses applications, si large en même
temps et si profonde que nous ne pouvons
en voir clairement les limites dans la pratique, peut nous permettre de comprendre,
non pas peut-être comment les choses se
passeront mais comment elles devraient, et
peut-être, comment elles peuvent se passer.

Le but du socialisme c'est un meilleur groupement des forces sociales, une meilleure
répartition des produits sociaux. La coopération appliquée soit à la consommation, soit
à la production est un moyen d'empêcher la
dispersion ou le gaspillage des forces, l'opposition des intérêts et aussi d'obtenir une
convergence plus grande des idées, des désirs

et des efforts. Elle tâche d'être en un mot
une réalisation plus complète de cette grande
loi universelle de l'association systématique.
Il est évident qu'en formant de nouveaux
groupes, elle risque de désorganiser les
anciens.

Il ne faut pas s'en effrayer si la solidarité,
c'est-à dire en somme la finalité, — car la finalité n'est pas autre chose que la forme abstraite
d'un certain nombre d'évènements dépendant
les uns des autres et convergeant vers un
effet commun, — devient plus forte et plus précise. La coopération, comme l'entend l'école
nouvelle, a pour but de produire dans la
société ce qui se produit continuellement
dans notre esprit et ce qui en constitue le
progrès : la dissolution des associations fac-
tices produites par le hasard, afin de permettre aux éléments qui les composent d'entrer
dans des combinaisous plus solides et mieux
coordonnées, et l'économie des forces par la
suppression des intermédiaires et le rappro-
chement des éléments dont les intérêts peuvent converger. La ressemblance des deux
enchaînements de phénomènes, l'enchaînement psychologique et l'enchaînement social
n'est pas dépourvue d'intérêt, car outre

qu'elle contribue à nous révéler une des lois
du monde les plus générales, elle nous donne
aussi sur la voie à suivre dans la pratique des
indications précieuses.

On sait que les idées s'associent dans notre
esprit selon les lois de contiguïté et de ressemblance, que les représentations d'un objet,
les pensées, les désirs, seront éveillés par les
états psychologiques qui leur ressemblent ou
que nous avons éprouvés en même temps
qu'eux. C'est même à l'aide de ces lois que
toute la vie de l'esprit a été expliquée. Je crois
avoir démontré ailleurs [1] que, sous ces lois
apparentes, il y a toujours comme principe
actif une loi de finalité. Quoi qu'il en soit, les
associations par ressemblance et contiguïté
n'en existent pas moins, et si elles sont des
formes de la loi de finalité, ce sont ses manifestations inférieures. Il est essentiel pour la
vie de l'esprit qu'une grande partie de ces
associations soit dissoute et fasse place à
d'autres. Si nous les conservions, souvent
l'exercice de notre intelligence nous deviendrait impossible. C'est pour cela qu'une très
bonne mémoire peut devenir un défaut. Une

1 *L'Activité mentale et les éléments de l'esprit.*

personne qui pouvait se rappeler toute la
suite des propositions d'un livre était trop
gênée par cette trop grande cohésion des faits
successifs, car pour trouver celui dont elle
avait besoin, elle était obligée de remonter au
commencement de la série. Les faits étaient
trop étroitement associés dans l'ordre où ils
s'étaient produits, et cette association d'ordre
inférieur empêchait ou gênait des associations plus importantes.

Dans la société nous avons aussi des associations imposées par les circonstances et
qui doivent se dissoudre. Il faut, par exemple,
que les enfants qui se trouvent ensemble sur
les bancs d'une même classe et qui prennent
l'habitude de se voir en dehors des classes,
qui contractent des liens d'amitié assez faciles
à rompre en général, se séparent un jour pour
entrer dans d'autres combinaisons sociales,
une administration, un commerce, etc. Des
liens trop forts établis entre eux produiraient
forcément, à moins d'une rencontre heureuse
qui leur permette d'entrer ensemble dans la
même carrière, soit la douleur de la séparation, soit l'impossibilité de tenir, dans la vie
sociale, la place qui est imposée à chacun de
nous. La famille n'est pas évidemment une

simple association de contiguïté comme l'ensemble des élèves d'une classe, cependant elle prête aussi, bien qu'à un degré moindre, aux mêmes objections. Des causes nombreuses peuvent exiger son relâchement. C'est l'obligation de travailler qui sépare les enfants des parents au point de les faire parfois, pour gagner leur vie, changer de ville et même de pays, c'est la divergence possible des intérêts, divergence rendue très sensible parfois par les différences de caractère, de goûts, d'humeur qui ne sont pas chose rare et qui suffisent à constituer cette opposition, c'est la différence des croyances assez fréquente encore d'une génération à l'autre et qui rend les individus peu propres à collaborer à une œuvre commune, c'est enfin la grande économie de forces sociales qui résulterait de l'association remplaçant en beaucoup de cas l'action individuelle, de la formation de cadres généraux qui permettent d'utiliser à un degré inconnu dans l'activité isolée les forces de l'individu.

Ces cadres généraux sont dans la société ce que les idées générales sont dans l'individu. Si je suis obligé d'avoir pour chaque fait particulier une formule particulière, mes

forces ne suffiront jamais à tirer parti de ce
que je saurai, chaque fait restera isolé ; si, au
contraire, je groupe mes faits dans des cadres
généraux, si j'en tire des idées générales,
qui expriment tout un côté du fait, j'ai une
économie de forces en ne prenant du fait que
ce qui m'est nécessaire pour le moment, en
laissant de côté tout le reste, j'ai en même
temps un accroissement de forces provenant
de ce que chacun des faits particuliers est
soutenu, appuyé, confirmé par les autres faits
qui sont résumés avec lui dans mon idée
générale. Personne ne doute d'ailleurs de la
force sociale des associations qui, en coordon-
nant le travail de nombreux ouvriers, permettent l'exécution de travaux qui resteraient
impossibles à la somme de leurs activités
isolées. La spécialisation des fonctions, la
division du travail et la convergence des
efforts individuels, dont l'importance et l'efficacité ne sont, je crois, au moins dans certaines limites, niées par personne, sont des faits
psychiques aussi bien que des faits indus-
triels, agricoles ou commerciaux et ont partout le même sens et la même portée.

Il est bien sûr que la famille, et aussi la
patrie, constituent à certains égards une

mauvaise application de ces principes. Il est possible que pour bien des ménages une organisation qui permettrait aux parents de confier en partie le soin de leurs enfaits à des personnes spécialement chargées de ces fonctions pourrait avoir d'heureux effets en laissant à ces parents plus de temps et de liberté pour leur travail personnel, en assurant aux enfants des soins plus éclairés et plus assidus. C'est une organisation de ce genre qui fonctionne au Familistère de Guise, où l'on a su, sans blesser aucunement les sentiments de famille, et simplement par les avantages du système, faire accepter les soins communs donnés à l'enfance, et le succès ici a justifié une tentative qui évidemment est encore un pas vers le remplacement de plus en plus grand de la famille par des cadres sociaux[1]. Faut-il rappeler à quelques-

---

1 La mortalité des enfants est moindre au Familistère que dans la ville de Guise. Voir à ce sujet le *Familistère de Guise*, par M. Bernardot, membre du conseil de gérance. Consulter aussi pour l'organisation la *Mutualité sociale* de Godin, fondateur du Familistère. J'adresse ici mes remerciements à M. Aug. Fabre, ancien économe du Familistère, qui m'a fourni de précieux renseignements sur cette institution ainsi que sur différentes parties du mouvement coopératif.

uns de ceux qui s'en effrayeraient, que la loi
sur l'instruction obligatoire agit exactement
dans le même sens à cet égard ? De même la
patrie, en retenant agglomérés ou du moins
unis d'une manière relativement étroite des
individus qui quelquefois pourraient s'employer utilement ailleurs, par l'opposition à
la division du travail qui résulte de l'état des
relations entre nations différentes, état tel
que chacune d'elles est obligée de ne pas
accepter vis-à-vis des autres une solidarité,
une dépendance qui, en cas de conflit, pourrait être un péril, la patrie peut être, comme
la famille, une forme d'association destinée à
s'affaiblir sinon à disparaître. En l'état actuel
l'une et l'autre ne s'imposent pas moins à nos
devoirs, nous ne devons pas, pour agir, adopter des sentiments qui régneront peut-être
dans des milliers d'années, bien qu'il soit
évidemment utile de prévoir le sens de l'évolution et d'en tenir compte. La désagrégation
de la famille, depuis l'organisation de la cité
antique, a fait plus de progrès qu'il ne lui en
reste à faire pour que la famille, telle que
nous la comprenons, n'existe plus. Ne nous
préoccupons pas outre mesure des froissements que l'avenir réserve à des sentiments

qui sont les nôtres, mais qui ne seront pas forcément ceux de nos descendants; ceux-ci ne regretteront sans doute pas plus notre famille actuelle que nous ne regretterons celle qui a tant fait pourtant pour notre organisation sociale.

Au-dessus de la patrie enfin est l'humanité, qui en un sens n'existe pas encore; elle ne sera un objet réel que le jour où les relations entre les peuples auront pris un caractère différent de celui qu'elles ont gardé jusqu'ici, où la solidarité, les coopérations régulières, l'unité de fin se seront établies d'un bout de l'univers à l'autre. Jusque-là l'humanité, comme tout systématisé n'existe qu'au sens compréhensif non au sens extensif, non comme réunion d'hommes, mais comme réunion des caractères proprement humains, avec la signification que Molière donnait au mot dans une scène fameuse de don Juan. Le culte de l'humanité dans un sens ou dans l'autre, comme recherche religieuse de l'idéal entrevu : l'union universelle des hommes, comme respect et développement de ce qui, dans l'homme, constitue l'homme même, comme expression de la subordination désirable ou réelle de l'homme à un grand ensemble de

conditions sociales ou à un idéal moral n'est
pas peut-être aussi dépourvu de sens qu'on
l'a dit et redit, mais il a le tort d'adapter des
formes vieillies d'action et de pensées à des
idées nouvelles, de « mettre le vin nouveau
dans de vieux vaisseaux ».

De plus il serait incomplet. La religion,
comme l'a dit Guyau, doit être non seulement humaine, mais cosmique.. L'homme
désire ou veut se sentir relié aux lois générales de coordination du monde, c'est-à-dire
qu'il poursuit en théorie comme en pratique
la synthèse la plus large possible des phénomènes, le maximum de finalité. Autrefois il se
faisait volontiers le centre de l'univers, il en
était après Dieu, et par Dieu le principe et le
but. Il est aujourd'hui moins exigeant et se
contenterait de collaborer à une œuvre divine
d'harmonie cosmique. On a pu croire autrefois
que cette harmonie universelle existait, que
l'homme était un de ses facteurs plus ou moins
importants. Il faut en rabattre. Le positivisme
religieux, le panthéisme, le déisme ont mis
trop d'ordre dans l'univers théorique qu'ils
ont construit, même l'évolutionnisme qui
considère l'univers dans son ensemble comme
étant un tout organique et celui qui pense que

« Dieu se fait » et qui recule dans le futur l'harmonie que le présent nous refuse.

Ces doctrines s'appuient cependant sur un certain nombre de faits réels, mais dénaturés et dont la signification est mal comprise. L'homme existe, par conséquent les conditions de son existence sont réalisées, par conséquent l'univers lui est jusqu'à un certain point favorable. Il paraît difficile de faire sortir de là une vraie religion. L'harmonie existe jusqu'à un certain point dans le monde, par exemple dans le système solaire, et dans les autres systèmes analogues. Mais cette harmonie est peu de chose en somme, à côté de celle que l'homme introduit dans l'univers, par cela seul qu'il le voit, qu'il le comprend, qu'il agit sur lui, c'est-à-dire qu'il le fait entrer dans des systèmes coordonnés de sensations, de pensées, de désirs et d'actions. Peut-être cependant existe-t-il partout, comme chez l'homme, comme chez les animaux, une tendance obscure à l'harmonie, satisfaite dans l'homme par la réalisation de ses désirs, dans le cristal par la réalisation de la forme voulue, dans les molécules par la combinaison chimique. L'univers doit être conçu comme un ensemble de tendances vers le bien ; seulement ces aspirations moléculaires, animales, humaines, sociales sont égoïstes, ou plutôt divergentes ; le bien de l'un est le mal de l'autre ; si l'harmonie existe, c'est dans les éléments, non dans l'ensemble ; si, çà et là, quelques groupements d'atomes et de molécules sont arrivés à une complexité relativement avancée : les sociétés humaines, c'est un état encore bien inférieur par rapport à ce que nous pouvons rêver, plus inférieur encore par rapport à ce qui dépasse non seulement notre raison, mais notre rêve. Non seulement Dieu n'est pas encore, mais il est à craindre qu'il ne soit jamais, au moins le Diéu universel. Un Dieu local, partiel aurait plus de chance de réalisation. Çà et là, nous apercevons des ébauches qui se sont formées à la suite d'une longue évolution. L'humanité est encore ce que nous connaissons de plus divin, et le meilleur moyen qu'on ait eu de représenter Dieu, a été d'idéaliser l'homme et d'étendre à l'univers entier certains de ses attributs.

Et c'est dans l'homme aussi que l'amour de Dieu, c'est-à-dire de la perfection, se manifeste avec le plus de force. C'est la grandeur à la fois et la faiblesse de l'homme d'aspirer toujours au mieux, de vouloir l'harmonie et de la vouloir pour lui, mais aussi pour le monde, de tâcher de trouver dans l'univers un ordre régulier de causalité, puis un ordre régulier de finalité, et s'il est impossible de l'y trouver, de chercher à l'y introduire dans la mesure de ses forces. C'est sa faiblesse parce que ce souci montre combien l'homme est mal adapté encore à ses conditions d'existence, et combien la systématisation harmonique du milieu extérieur et du milieu intérieur est peu avancée. C'est son honneur parce que, si cette systématisation est relativement plus imparfaite que celle de l'animal, de la plante, ou de la molécule chimique, c'est qu'elle doit être plus vaste, plus large, qu'elle embrasse plus d'éléments.

Au reste il peut arriver ou que l'homme finisse par s'animaliser dans quelque forme plus ou moins élevée, content de ce qu'il aura trouvé, bornant ses désirs, ou qu'il donne naissance à une espèce plus puissante, ou bien que ses moyens d'actions se perfectionnent. La communication des êtres d'une planète à l'autre commence à être un rêve pas trop absurde. Les forces naturelles tantôt

nous écrasent, tantôt sont à notre service ; nous pouvons multiplier ces derniers
cas et diminuer les premiers. Les progrès
pratiques accomplis depuis une centaine
d'années sont pour donner bon courage, en
admettant même qu'à notre période d'inven-
tions va succéder une période d'organisation
relativement calme. D'autres domaines ne
nous seront-ils pas ouverts ? Il est, non pas
certain, mais possible, je dirais presque probable, que les phénomènes qui ont constitué
jusqu'ici le domaine du spiritisme et des
sciences occultes révèlent une force dont nous
ne savons pas encore nous servir. Nous
serions vis-à-vis d'elle comme les anciens vis-
à-vis de l'électricité : ils avaient observé la
foudre, ils avaient peut-être remarqué certaines façons de l'attirer, de la produire ; d'un
autre côté les propriétés de l'ambre ne leur
étaient pas inconnues ; seulement leurs connaissances restaient fragmentaires, isolées,
sans lois, sans certitude, sans rapport avec
d'autres connaissances précises. Mais n'ont-
ils pas connu mieux que nous les phénomènes
occultes ? Nous avons, aujourd'hui, non sans
quelque raison une tendance à n'admettre
comme vrai que ce qui se laisse non seule-

ment constater, mais encore constater assez aisément ou au moins expliquer. L'hypno- tisme a été tourné en dérision jusqu'au jour où l'on a cru pouvoir le rattacher à certains troubles nerveux qui ne paraissent pas d'ailleurs devoir en rendre compte complètement. Les anciens avaient moins d e scrupule et ont pu admettre avec des fables innombrables, certains faits réels que nous rejetons encore faute de pouvoir les rattacher aux connaissances acquises. La prudence est une qualité qu'il ne faut pas exagérer même en matière scientifique et, pour ma part, je sais bon gré aux savants qui se hasardent dans des régions inexplorées, — cependant rien ne nous autorise encore à affirmer que nous soyons sur le point de découvrir une force réellement utile, un moyen efficace pour augmenter entre le monde et notre esprit l'harmonie que nous désirons.

Ce n'est pas au seul point de vue objectif que nous devons considérer l'évolution qui se produit. Un de ses caractères est précisément la part considérable que parait y prendre le côté affectif de notre être. On se plait à être ému. Ce n'est pas un mal pourvu que la lucidité de l'esprit n'ait pas à en souffrir.

L'émotion, quand elle n'est pas encore devenue un but, quand elle ne résulte pas seulement d'une simple excitation de l'imagination,
d'une rêverie plus ou moins vaine, accompagne généralement les tendances assez fortes
pour se traduire par des actes. Elle est par
conséquent dans notre état psychologique
actuel, un signe non pas constant, mais assez
ordinaire, de la force, de la profondeur, de la
complexité de nos besoins. Lorsqu'une
tendance atteint chez une personne une
intensité particulière, il n'est pas rare qu'elle
s'accompagne de sentiments assez vifs, tandis
que, plus faible chez les autres, elle est une
habitude machinale et passe inaperçue. Nous
pouvons mettre des émotions religieuses, des
impressions morales, du mysticisme même
dans des actes qui n'intéressent guère que
nous, si ces actes tiennent dans notre vie une
place considérable, si nous nous en rendons
compte, si nous les considérons comme la fin
principale vers laquelle doivent converger
toutes nos idées, toutes nos croyances et tous
nos désirs. L'unification de la vie, l'unification du monde idéal ou réel, lorsqu'elle est
difficile à atteindre, lorsque nous la recherchons volontairement, lorsque nous nous

rendons compte à la fois des obstacles qui
nous séparent de ce but et de la nécessité
sinon de les vaincre du moins d'essayer de
les vaincre, tel est l'objet du sentiment religieux, du sentiment moral, du sentiment
esthétique ; ce sont des formes plus ou moins
élevées de la tendance à l'association systématique qui est la loi générale de la psychologie. Ce qu'une philosophie scientifique
peut offrir pour satisfaire ce besoin d'harmonie ne peut ordinairement l'apaiser. Les
esprits qui demandent trop impérieusement
à connaitre le dernier mot de l'harmonie
universelle et qui veulent participer à cette
harmonie peuvent ne pas s'en contenter, ils
ont, chacun selon son goût, à choisir parmi
beaucoup de religions et autant de métaphysiques. Le danger de ces constructions
provisoires est qu'elles continuent à subsister
alors qu'on pourrait se passer d'elles : ce
n'est pas encore. Quant à ceux qui penseront,
comme je crois qu'il le faut penser, que si la
tendance à l'harmonie est universelle, elle
existe dans les éléments non dans l'ensemble,
que le monde n'est pas un organisme, mais,
à bien des égards, un chaos, que les forces
organisatrices dirigées les unes contre les

autres s'enrayent à chaque pas, sans que
nous puissions entrevoir le but concret vers
lequel elles devraient se diriger, ils n'auront ni la consolation, ni l'espoir de se
sentir d'accord avec l'infini. Mais sans être
certains du progrès, ils peuvent espérer en
l'avenir, et tout en désirant que l'on puisse
faire mieux un jour, contribuer pour leur
part, selon leur aptitude et leurs forces, à la
meilleure organisation des systèmes orga-
nisés les plus élevés. Ils ne peuvent que voir
avec plaisir, tout en en craignant les excès et
les erreurs, un mouvement des esprits qui,
s'il produit parfois quelques sentiments
égoïstes, montre l'activité des tendances
supérieures de l'homme, et la puissance du
désir le plus élevé que nous puissions
éprouver, celui de l'association harmonique
la plus large possible.)

§ 3

(Une nouvelle méthode de résoudre les
problèmes peut fortifier ces espérances, c'est
la méthode sociale. Bien des questions qui
nous tourmentent disparaîtront, elles seront

résolues ou bien elles perdront toute signification pour des êtres appartenant à un état
social plus avancé. Les anciens se préoccu-
paient de bien des choses qui ne nous intéressent plus, non parce que nous les connaissons mieux, mais parce que nous n'avons
pas à les connaitre, nous ne songeons pas
à les déclarer inconnaissables, nous les
avons éliminées du cercle de nos recherches
parce que les questions qui traitaient d'elles
n'avaient ni sens ni portée. Il en reste
encore quelques-unes qu'on peut garder
l'espoir de voir disparaitre. Quelle a été par
exemple le rôle de la notion de Dieu ? Ce
rôle est double. D'un côté Dieu explique les
phénomènes parce qu'il est leur cause, de
l'autre côté il les ordonne parce qu'il est leur
fin. Au point de vue de la causalité, Dieu a
été éliminé peu à peu des domaines des
diverses sciences. Tout était divin jadis,
maintenant l'action divine ne se reconnait
plus que dans des occasions très rares, ou
encore dans l'ensemble des lois qui sont l'expression abstraite de la coexistence et de la
succession des phénomènes. Plus le cercle
du savoir positif s'élargit, plus le domaine
de Dieu se restreint, plus on explique de

faits par les faits qui les ont précédés et par
le jeu des lois naturelles, et moins on en attribue à la volonté particulière de la divinité.
Au lieu que les anciens avaient une foule de
Dieux qui intervenaient à chaque instant et
tout le long de la vie de l'homme, et pour les
moindres détails, nous n'en avons plus qu'un
et il n'intervient guère que de loin en loin,
ou dans des circonstances spéciales. Les
volontés divines se sont régularisées, coordonnées, à mesure que se coordonnaient nos
connaissances des faits, elles sont conformes aux lois générales de la nature, c'est-à-
dire qu'elles deviennent de plus en plus déta-
chées de tout détail, elles se généralisent et se
font abstraites ; on s'élevant à la limite elles
se confondent avec les lois naturelles et s'é-
vanouissent en elles.

Reste le second point dont la théorie a été
plus négligée, le côté de la finalité. De même
que tout à l'heure Dieu intervenait pour introduire la causalité dans les phénomènes, il
intervient à présent pour maintenir et surtout pour développer la finalité dans le monde.
Quand on ne voyait pas la cause d'un fait, on
en faisait volontiers un acte de la divinité, de
même quand la finalité est défectueuse on fait

appel à Dieu pour la rétablir. C'est à Dieu
que l'on s'adressait, que l'on s'adresse encore
pour guérir les maux dont notre pauvre
humanité souffre, c'est à lui que l'on demande
la réparation des injustices que nous avons à
supporter, c'est lui que l'on implore pour
recevoir le bonheur, la santé, la fortune et le
reste. C'est sur lui que se repose pour l'avenir des siens le chef de famille qui voit la
mort s'approcher, c'est lui enfin qui est le
remède à toutes les imperfections sociales, à
tous les manques de finalité, comme il sup-
plée aussi aux lacunes de nos connaissances
pour expliquer la raison d'être des choses.
Etant donné que la causalité reconnue et la
finalité voulue et réalisée sont les deux pôles
de notre vie sociale, il faut en conclure que
Dieu est simplement l'expression des défauts
de notre organisation sociale, le signe de
notre impuissance à connaitre, le signe
aussi de notre impuissance à agir.

Aussi les progrès du sytème social élimi-
neraient-ils Dieu du domaine de la pratique,
comme les progrès de la science l'éliminent
du domaine du savoir. C'est mal prendre la
question que de réfuter seulement la croyance
à une Providence directrice par des argu-

ments logiques qui peuvent sans doute avoir
leur utilité pour renverser une croyance
fausse, mais qui sont ici radicalement impuis-
sants à la remplacer, qui laissent subsister
une lacune pénible pour la plupart des
hommes et qui ne font nullement disparaitre
le problème en montrant que la solution est
fausse. Au lieu de prouver que la Providence
n'existe pas, il faudrait, dans la limite de nos
forces, la rendre réelle en la ramenant du ciel
sur la terre. A mesure qu'on a reconnu la
régularité des lois naturelles, on a enlevé à
Dieu une partie de son importance comme
explication des faits, à mesure que l'on crée-
rait la régularité et la finalité des lois sociales on lui enlèverait une partie de son importance comme régulateur des faits. Lorsque
la médecine trouve un bon remède pour une
maladie elle supprime un certain nombre des
prières qui demandaient à Dieu la guérison
de cette maladie. Des juges intelligents et
intègres préviennent les recours à la Divinité
qui ont pour but de réparer les injustices des
hommes ; un bon gouvernement sage et prudent prévient les prières innombrables que
suscitent les maux de la guerre. Plus vous
réduisez le mal sur la terre, plus aussi vous

diminuez l'influence divine ; des caisses de
retraite pour la vieillesse, des sociétés de
secours mutuels, des syndicats qui sauvegar-
dent les intérêts, rendent inutile une bonne
part de la Providence divine en organisant
une providence humaine. Et qu'on ne croie
pas qu'il ne s'agisse ici que d'intérêts maté-
riels. L'adaptation à un état social plus élevé,
la formation et le développement des sentiments de solidarité que l'expérience fortifie-
rait au lieu de les détruire ou de les amoin-
drir comme cela n'est que trop fréquent, c'est
au fond, le seul progrès moral que l'on puisse
concevoir. Et ceux qui croient le concevoir
autrement se trompent, ce n'est pas la nature
du progrès moral qui peut varier d'une société
à l'autre, c'est l'état social que l'on croit supérieur et que l'on se propose comme idéal. La
sainteté d'un François d'Assise est aussi
malgré les apparences un rêve de société.

Il est permis de croire que des progrès
sociaux remplaceront les théories théologiques ou métaphysiques en supprimant les
occasions de les employer ou de se poser les
questions qu'elles doivent résoudre. Par
quelle méthode est-il possible, si cette possibilité est réelle, de réaliser ces progrès ? Par

la même méthode qui a permis de réaliser les
progrès de la science avec cette différence
toutefois qu'au lieu de constater, il s'agit ici
de faire ; nous venons d'entrevoir le côté
idéal du système, regardons aussi son côté
pratique. La vraie science n'a pas commencé
par des lois générales, [1] par des théories du
monde, c'était la métaphysique et la théologie qui les donnaient, elle a commencé
par des constatations de faits, et elle a
continué par des groupements de phénomènes, par des généralisations de plus en
plus vastes, et sans doute la théologie et la
métaphysique ont pu être et elles ont été en
fait des excitatrices de la science, comme
aussi le désir de satisfaire la faim, la soif et
les divers besoins de l'humanité, mais elles
se sont retirées devant elles : dès qu'une théorie scientifique a été fixée, elle a évincé une
théorie métaphysique ou théologique. La connaissance de la pression atmosphérique a
supprimé la théorie de l'horreur du vide et
du même coup une série de questions qu'on
pouvait s'adresser à ce sujet. De même dans

1 Voir à ce sujet le livre de M. de Roberty : *L'Ancienne
et la nouvelle philosophie*

la pratique il faut commencer par de petites réformes, par créer des faits positifs et précis, une bonne société coopérative bien organisée est un grand service rendu. Des expériences sociales comme celle du Familistère de Guise qui rassemble une société coopérative de production, une société coopérative de consommation, une caisse de retraites, une organisation de secours mutuels, qui unit les intérêts des travailleurs à ceux des capitalistes en permettant aux ouvriers d'acquérir aisément leur part de capital, ont une grande portée. Peu à peu sans doute on pourra arriver aux généralisations. Pour le moment nous en sommes sur ce dernier point à la métaphysique. Principes monarchiques ou théories sur la souveraineté du peuple, sur le droit divin, sur l'égalité absolue, toutes ces doctrines paraîtront peut-être quelque jour sans signification et sans importance. Ce n'est pas à dire qu'elles soient inutiles : ici comme dans le domaine scientifique, les théories générales non fondées ont pu être des excitations et des encouragements. Elles ont aussi de l'importance à cause du plus ou moins de liberté qu'elles ont donné aux tentatives, aux essais nouveaux. Pour vérifier des théories alchimiques on a découvert des phénomènes certains qui ont donné lieu à des généralisations par lesquelles ont été évincées les croyances dont elles dérivaient indirectement ; pour appliquer des principes douteux on peut créer des œuvres durables d'où sortiront un jour des formes générales de société qui élimineront les principes d'où pourtant elles proviennent. Un socialisme bien compris et bien appliqué rendra inutiles et vains la plupart de nos problèmes politiques, problèmes mal posés et agités dans le vide ; la résolution des problèmes de la politique générale, de la théologie, de la métaphysique, de ces problèmes dont le souci se réveille avec tant d'intensité est une des faces de la question sociale.

On s'en rendra compte mieux encore si l'on réfléchit à tout ce que la société peut faire du pouvoir de l'homme pour connaître et pour apprendre. Ce n'est que par les conditions sociales qui nous sont faites que nous pouvons acquérir des idées, apprendre des faits, et nous en servir. C'est par la société que nous avons la vie, la science et l'action, toutes ces ouvertures vers un monde caché encore, que nous indiquions tout à l'heure.

c'est la société seule qui les peut agrandir.
Et je sais bien la part immense qu'il faut
faire à l'initiative individuelle, mais cette
initiative même c'est le milieu social qui la
prépare et lui donne son importance, c'est lui
qui la rend possible et c'est lui qui la rend
féconde.

Il restera toujours quelque chose en dehors
de l'action de la société, c'est au moins
possible, et cela justifie la persistance
actuelle et annonce la persistance future des
théories religieuses et philosophiques qui se
produiront toujours pour masquer les défauts
de notre science et de notre pratique, comme
pour en annoncer, pour en préparer les
progrès. Et aussi ne peut-il pas naître des
formes d'être aussi supérieures aux sociétés
que nous pouvons, je ne dis pas voir, mais
imaginer, que ces sociétés sont elles-mêmes
supérieures à ces réunions d'atomes qui
composent une molécule? S'il est vrai que
notre système solaire ait été jadis une nébu-
leuse sans forme arrêtée, sans vie, sans
phénomènes chimiques, on dirait presque
sans matière tellement ce qui existait alors
différait de ce que les sens nous montrent
aujourd'hui, l'atome d'abord s'est peut-être

formé, ses affinités, c'est-à-dire ce qui corres-
pond en lui à notre désir et à notre volonté
ont donné naissance à des sociétés qui sont
les molécules, ces molécules à leur tour ont
formé des êtres à formes régulières des
cristaux. Les êtres vivants ne sont que des
sociétés de molécules unies vers une même
fin : la conservation de l'être que leur coordination constitue, ces êtres vivants eux-mêmes
se sont unis en groupes supérieurs ou
sociétés dont l'union étroite peut faire de
véritables individus. Le chemin parcouru
justifie bien des espérances, et si nous n'avons
guère le droit de les formuler, ce n'est pas
tant que nous risquions de dépasser par nos
prévisions la réalité future, c'est peut-être
que nous n'avons pas le moyen d'arriver
jusqu'à elle. Mais chaque fois que nous
assistons à une de ces poussées de désir, à
une manifestation de ces tendances vers des
états toujours plus complexes, vers des
systèmes de plus en plus larges qui ont fait
d'une substance inconnue la matière chimique, de la matière chimique la matière
vivante, de la matière vivante la matière
sociale, ou qui ont mené chacune de ces
formes d'existence d'un degré relativement

inférieur à un degré relativement supérieur [1], nous pouvons être heureux de penser que si l'ébauche du bien est rudimentaire encore, elle est peut-être sur le point de le devenir un peu moins, que si la perfection peut être atteinte, que même si elle est inaccessible, on s'en rapproche. C'est un fait de ce genre que j'ai signalé ici en tâchant de l'apprécier, une étape que j'ai indiquée sans me faire d'illusion sur la possibilité de retours en arrière, mais sans désespérer aussi de la marche en avant vers un but encore à peu près invisible.

---

[1] Les formes chimiques les plus compliquées ne se rencontrent que chez les êtres vivants, comme les formes vivantes les moins imparfaites se rencontrent chez les êtres sociaux.

TABLE DES MATIÈRES

NIMES. — Imp. Henry MICHEL et G. GORY, rue Nationale, 69.

www.ingramcontent.com/pod-product-compliance
Lightning Source LLC
Chambersburg PA
CBHW070621100426
42744CB00006B/571